PORTUGUÊS
Livro do Aluno

2

Nível A2

Autora
Ana Tavares

Direção
Renato Borges de Sousa

Colaboração
Carlos Alvarenga (Unidade 11)
Elizabeth Vera Cruz (Unidade 12)

Lidel – edições técnicas, lda

COMPONENTES DO MÉTODO

NÍVEL 1 (A1)
Livro do Aluno com CD áudio
Caderno de Exercícios
Livro do Professor

PACK (Livro do Aluno + CD
+ Caderno de Exercícios)

NÍVEL 2 (A2)
Livro do Aluno com CD áudio
Caderno de Exercícios
Livro do Professor

PACK (Livro do Aluno + CD
+ Caderno de Exercícios)

EDIÇÃO E DISTRIBUIÇÃO

Lidel – edições técnicas, lda

ESCRITÓRIO
Rua D. Estefânia, 183, r/c Dto. – 1049-057 Lisboa
Internet: 21 354 14 18 – livraria@lidel.pt
Revenda: 21 351 14 43 – revenda@lidel.pt
Formação/Marketing: 21 351 14 48 – formacao@lidel.pt/marketing@lidel.pt
Ens. Línguas/Exportação: 21 351 14 42 – depinternacional@lidel.pt
Linha de Autores: 21 351 14 49 – edicoesple@lidel.pt
Fax: 21 352 26 84

LIVRARIA
Avenida Praia da Vitória, 14 – 1000-247 Lisboa
Telef.: 213 541 418 – Fax: 213 173 259 – livraria@lidel.pt

Copyright © agosto 2013
julho 2004 (1ª Edição)
Lidel – Edições Técnicas, Lda.
I.S.B.N.: 978-972-757-990-7

Conceção de layout: Elisabete Nunes
Paginação: Dpi Cromotipo
Impressão e acabamento: Cafilesa - Soluções Gráficas, Lda. - Venda do Pinheiro
Depósito Legal: 363394/13

Capa: Elisabete Nunes

Ilustrações: Liliana Lourenço
Fotografias: Vários - Fotolia.com

CD
Vozes: Paulo Espírito Santo, Ana Vieira, Manuel Carlos Lobão de Araújo e Gama,
    Maria Clemência Machado Matos, Maria Teresa Roque, Pedro Miguel Duran Martinez
Coordenação: Paulo Espírito Santo
Execução Técnica: Audio In Produções / Estúdio Circo a Vapor
Duplicação: MPO-Portugal

 2013 – Lidel
Ⓛ SPA
Todos os direitos reservados

Este pictograma merece uma explicação. O seu propósito é alertar o leitor para a ameaça que representa para o futuro da escrita, nomeadamente na área da edição técnica e universitária, o desenvolvimento massivo da fotocópia.
O Código do Direito de Autor estabelece que é crime punido por lei, a fotocópia sem autorização dos proprietários do copyright. No entanto, esta prática generalizou-se sobretudo no ensino superior, provocando uma queda substancial na compra de livros técnicos. Assim, num país em que a literatura técnica é tão escassa, os autores não sentem motivação para criar obras inéditas e fazê-las publicar, ficando os leitores impossibilitados de ter bibliografia em português.
Lembramos portanto, que é expressamente proibida a reprodução, no todo ou em parte, da presente obra sem autorização da editora.

Introdução

A **Nova Edição** do *PORTUGUÊS XXI*, embora mantendo a mesma estrutura e conteúdos, visa uma melhor adaptação à atualidade, pelo que surge com um novo design muito mais atrativo e moderno, apresentando novas fotografias, ilustrações e um CD com uma nova gravação.

PORTUGUÊS XXI – Elementar destina-se a alunos que já têm conhecimentos básicos da língua. Este segundo livro cobre as estruturas gramaticais e as áreas lexicais elementares e inclui, no final, duas unidades que se centram, respetivamente, nos países africanos de expressão portuguesa e no Brasil, com o objetivo de alargar os conhecimentos dos alunos em relação à cultura e às diferenças linguísticas e de pronúncia existentes nestes países.

A existência de um Caderno de Exercícios permite que o aluno trabalhe, essencialmente, as áreas gramaticais e lexicais que surgem nas aulas e poderá ser utilizado em casa, como um trabalho complementar. Assim, logo desde o início, a aprendizagem na aula, tendo o apoio do CD Áudio, privilegia a oralidade.

O *PORTUGUÊS XXI* é um material que tem uma preocupação especial pelo desenvolvimento da compreensão e da expressão oral do aluno, estimulando situações reais de fala, embora não esqueça a importância da compreensão e da expressão escrita.

No final deste nível, o aluno ficará a conhecer muitos aspetos da vida cultural e social portuguesa e deverá sentir-se apto para: dar informações de carácter pessoal; intervir em trocas comunicativas próprias de relações sociais; compreender folhetos publicitários, pequenos anúncios de oferta de serviços, previsões do estado do tempo, o sentido geral de pequenos artigos de jornal sobre acontecimentos do dia a dia e da atualidade; compreender breves comunicações, informações e avisos a nível oral; intervir em conversas sobre temas da atualidade, expressando opiniões e sentimentos; solicitar e dar informações sobre assuntos de rotina; comprar produtos em espaços comerciais; reconhecer, compreender e elaborar diferentes tipos de texto escrito: mensagens, postais, cartas formais e informais, receitas de culinária, etc.

No final de cada unidade, existe sempre um exercício de carácter fonético para que o aluno tenha a oportunidade de ouvir e praticar os sons em que habitualmente sente mais dificuldade.

Índice Geral

UNIDADES	COMPETÊNCIAS	ÁREAS LEXICAIS/ VOCABULÁRIO	ÁREAS GRAMATICAIS	ORTOGRAFIA E PRONÚNCIA
1 *"Vamo-nos conhecer!"* Pág. 9	• Apresentar-se • Dar e pedir informações de carácter pessoal, profissional e de ocupação dos tempos livres • Falar sobre ações habituais no passado • Fazer descrição do passado • Fazer pedidos com delicadeza	• Identificação e caracterização pessoal • Atividades no tempo livre • Qualidades e defeitos • O dia a dia e hábitos no presente e no passado • Descrição física	• ***Pretérito Imperfeito*** • P.P.S. / Pretérito Imperfeito	• Palavras com a última sílaba tónica (agudas)
2 *"Conheces alguma lavandaria?"* Pág. 21	• Compreender anúncios publicitários e folhetos publicitários • Compreender informações, instruções e explicações em diferentes áreas de serviços • Aconselhar • Expressar opinião	• Serviços • Publicidade • Avisos, regras e instruções • Nomes e funções de objetos úteis	• ***Infinitivo Pessoal*** • ***Infinitivo Impessoal***	• Palavras com diferentes sílabas tónicas (agudas, graves e esdrúxulas)
3 *"Viste ontem o filme na televisão?"* Pág. 35	• Compreender a programação televisiva • Expressar opinião • Fazer comparações • Falar de ações anteriores a outras no passado • Compreender entrevistas na imprensa escrita • Contar a história de um filme	• Programação da televisão • Cinema • Espetáculos • Música: o fado • Entrevista	• ***Particípio Passado*** (regular e irregular) • ***Pretérito Mais-que-Perfeito Composto*** • Palavras derivadas por *prefixação*	• Consoantes mudas
Unidade de Revisão 1 Pág. 49				

Índice Geral

UNIDADES	COMPETÊNCIAS	ÁREAS LEXICAIS/ VOCABULÁRIO	ÁREAS GRAMATICAIS	ORTOGRAFIA E PRONÚNCIA
4 *"Será que vai chover?"* Pág. 53	• Compreender informações sobre o estado do tempo • Falar sobre o estado do tempo e suas consequências • Compreender o horóscopo • Formular perguntas que expressam dúvida • Fazer previsões para o futuro	• O estado do tempo • Mapas com a previsão do estado do tempo • Catástrofes naturais • Horóscopo • Previsões para o futuro • Superstições	• ***Futuro Imperfeito do Indicativo*** • *Será que...?*	• Palavras com *c*, *ç*, *s* ou *ss*?
5 *"Deverias comer uma salada."* Pág. 65	• Compreender ementas • Dar opinião e defendê-la • Argumentar • Aconselhar • Compreender e analisar informação de gráficos • Compreender artigos de imprensa escrita relacionados com os temas • Reproduzir o que alguém disse • Comparar a situação em Portugal com a do seu país	• No restaurante • Alimentação equilibrada e saúde • Roda dos alimentos e Pirâmide alimentar • Comida vegetariana • Hábitos sociais prejudiciais para a saúde: o tabaco e o álcool	• ***Condicional*** • Imperfeito do Indicativo/ Condicional • ***Discurso Indireto***	• Palavras com *ch* ou *x*?
6 *"Tenho tido imenso trabalho."* Pág. 77	• Falar de acontecimentos que começaram no passado e continuam até ao presente • Expressar opinião sobre *stress* • Aconselhar • Responder a teste para saber nível de *stress* • Compreender artigos da imprensa escrita relacionados com o tema • Analisar mapa com resultado de aulas em ginásio	• Causas e consequências do *stress* • Teste ao nível de *stress* • Formas de ultrapassar o *stress* • O desporto e a saúde • Modalidades desportivas • Desportos radicais • Mapa com resultados de diferentes aulas num ginásio	• ***Pretérito Perfeito Composto do Indicativo***	• Palavras com *s* ou *z*?
Unidade de Revisão 2 Pág. 89				

Índice Geral

UNIDADES	COMPETÊNCIAS	ÁREAS LEXICAIS/ VOCABULÁRIO	ÁREAS GRAMATICAIS	ORTOGRAFIA E PRONÚNCIA
7 *"Dói-me a garganta."* Pág. 93	• Dar informações básicas sobre um problema de saúde • Comparar sistemas de saúde • Compreender testemunhos sobre sistema de saúde • Falar sobre experiências pessoais • Marcar uma consulta	• No consultório • Especialidades médicas • Sistema de saúde em Portugal • Opiniões sobre o sistema de saúde • Medicinas alternativas	• Pronomes relativos invariáveis: *que; quem; onde* • Colocação dos Pronomes pessoais	• Palavras *homógrafas*: grafia igual, mas pronúncia e significado diferentes • Palavras *parónimas*: ortografia e pronúncia semelhantes, mas significado diferente
8 *"Os assaltantes foram apanhados."* Pág. 103	• Compreender notícias de jornal sobre acontecimentos do dia • Identificar diferentes tipos de texto escrito • Compreender mensagens orais e reproduzi-las • Compreender e deixar mensagens em atendedor de chamadas	• Pequenas notícias de jornal sobre acontecimentos do dia • Temas mais destacados na imprensa • Diferentes tipos de texto escrito • Mensagens escritas e orais	• **Particípios duplos** • **Voz Passiva**	• Palavras *homófonas*: pronúncia igual, mas grafia e significado diferentes
9 *"Posso experimentar?"* Pág. 113	• Comprar, trocar, devolver e reclamar • Conhecer nomes de diferentes estabelecimentos comerciais • Responder a inquérito à qualidade de serviço • Expressar opinião • Falar da realidade do seu país	• Na loja de roupa • Estabelecimentos comerciais • Um dia no centro comercial • Hábitos e direitos dos consumidores • Inquérito à qualidade de serviço • Texto informativo sobre os gastos dos portugueses • Formas de pagamento	• **Contração pronominal** • Sufixo: *-aria*	• Palavras com *g* ou com *j*?
Unidade de Revisão 3 Pág. 123				

Índice Geral

UNIDADES	COMPETÊNCIAS	ÁREAS LEXICAIS/ VOCABULÁRIO	ÁREAS GRAMATICAIS	ORTOGRAFIA E PRONÚNCIA
10 *"Aonde vamos no Santo António?"* Pág. 127	• Falar de festas populares • Contar uma lenda do país • Falar sobre o desemprego e as profissões do futuro • Compreender oralmente diálogos diferentes	• Festas dos santos populares • Quadras populares • Lendas • Profissões tradicionais e modernas • O desemprego	• *Gerúndio* • Substantivos coletivos • Sufixos: *-eiro; -or; -ista*	• Palavras com *e* ou com *i*? • Reconhecer palavras parecidas
11 *"Chegando no Rio de Janeiro."* Pág. 137	• Conhecer diferenças entre Português Europeu e Português do Brasil • Compreender o • Conhecer diferentes visões sobre o Rio de Janeiro • Expressar opinião	• Vida no Rio de Janeiro (diferentes visões) • Na lanchonete • No hotel • Na loja de câmbio • No restaurante	• *estar + Gerúndio* • Uso de *você* • Posição pronominal • Possessivos sem artigo	• Diferenças entre Português do Brasil e Português Europeu
12 *"E que mais sabes sobre a morna?"* Pág. 151	• Conhecer países africanos de língua oficial portuguesa • Reconhecer diferenças de pronúncia • Falar sobre mercados de rua • Expressar opinião	• Cabo Verde: a morna e a cachupa • Letra de morna • Países Africanos de Língua Oficial Portuguesa (**PALOP**) • Mercados africanos • Cinco ilhas para férias de sonho • Receita culinária	• Pronomes relativos variáveis: *cujo/a/os/as; o/a qual, os/as quais* • *ir + Gerúndio*	• Pronúncia do Português de Angola
Unidade de Revisão 4 Pág. 160				

Textos Gravados para Exercícios		Pág. 163	Chave das Unidades de Revisão	Pág. 168
Glossário		Pág. 173	Expressões	Pág. 194
Agradecimentos				Pág. 198

Vamo-nos conhecer!

- Apresentar-se
- Dar e pedir informações de carácter pessoal, profissional e de ocupação dos tempos livres
- Falar sobre ações habituais no passado
- Fazer descrição do passado
- Fazer pedidos com delicadeza
- Identificação e caracterização pessoal
- Atividades no tempo livre
- Qualidades e defeitos
- O dia a dia e hábitos no presente e no passado
- Descrição física
- **Pretérito Imperfeito**
- P.P.S. / Pretérito Imperfeito
- Palavras com a última sílaba tónica (agudas)

Vamo-nos conhecer?

A. Vamo-nos conhecer!

1. Antes de começarmos o curso, temos de nos conhecer. Entreviste um dos seus colegas, seguindo os pontos listados, de modo que todos o/a possam ficar a conhecer.

. nome
. nacionalidade
. idade
. estado civil
. filhos
. profissão
. cidade onde nasceu
. cidade onde mora
. passatempos
. viagem mais interessante
. porque estuda português
. línguas que fala

Vamos fazer um teste à vossa memória! O professor faz perguntas sobre qualquer um dos pontos anteriores em relação a um dos alunos. Será que ainda se lembram das respostas?

2. Vamos conhecer a Luísa e o Diogo...

1. Leia o texto A e conheça a Luísa.

A

Esta é a Luísa. Ela é professora de Matemática numa escola em Sintra. Como mora perto da escola, anda sempre a pé. Duas vezes por semana vai de carro ao ginásio, pois sente necessidade de fazer exercício físico para se descontrair um pouco. Já deu aulas em muitas escolas diferentes, mas agora pensa que vai continuar na escola de Sintra. Tem 32 anos e gosta muito da zona onde mora e trabalha. Além disso, está muito perto de Lisboa, onde os pais e muitos amigos moram. Ao fim de semana gosta de jogar ténis com uma amiga e de fazer caminhadas pela serra de Sintra.

Unidade 1

2. Imagine que está a entrevistar a Luísa. Faça-lhe as perguntas necessárias, de modo a obter as informações que estão no texto. Selecione um/uma colega para fazer o papel de Luísa e responder às suas perguntas.

1. _____?
   _____

2. _____?
   _____

3. _____?
   _____

4. _____?
   _____

5. _____?
   _____

6. _____?
   _____

Compreensão escrita

3. Antes de ler o texto B, ouça o que o Diogo diz e preencha a ficha com as informações necessárias.

Nome: _____

Profissão: _____

Cidade onde nasceu: _____

Cidade onde mora: _____

Passatempos: _____

País onde viveu durante um ano: _____

Línguas que fala: _____

Planos para o próximo ano: _____

Compreensão oral

Vamo-nos conhecer?

4. Agora leia o texto e confirme as suas respostas na ficha.

B

Chamo-me Diogo. Sou estudante de Economia. Estudo na Universidade de Lisboa, mas sou de Leiria, no centro do país. Vivo numa Residência Universitária com muitos outros estudantes e já fiz muitos amigos. Gosto muito de jogar futebol e de ir ao cinema. Aos fins de semana, vou com os meus amigos a um bar ou a uma discoteca. Quando vivia em Leiria, passava mais tempo em casa. Duas vezes por mês, vou passar o fim de semana a casa dos meus pais e revejo toda a família e os meus amigos de Leiria. Quando tinha 16 anos, passei um ano em casa de uma família nos Estados Unidos da América e frequentei lá a escola secundária. A família era muito simpática e ajudou-me muito. Foi a minha primeira experiência a viver longe da minha família e, no princípio, foi muito difícil. No próximo ano, gostava de poder estudar em França. Assim, podia aproveitar para aperfeiçoar o meu francês.

3.

1. Complete o quadro com as formas dos verbos no *Pretérito Imperfeito*.

	Imperfeito		
	dar	ler	pedir
eu			
tu			
você, ela, ele			
nós			
vocês, elas, eles			

2. Complete o quadro.

Habitualmente, eu	Ontem, eu	Antigamente, eu
vejo		
	vim	
		punha
sou		
	pedi	
		sabia
vou		
		trazia
		fazia
tenho		
		dizia

Unidade 1

4.

1. Repare no uso do *Imperfeito*, nas seguintes frases do texto B:

> Quando **vivia** em Leiria, **passava** mais tempo em casa.
> Quando **tinha** 16 anos...
> A família **era** muito simpática...
> No próximo ano, **gostava** de poder estudar em França.
> Assim, **podia** aproveitar para...

2. Quais pensa que são as diferenças entre o uso do *P.P.S.* e o *Imperfeito*?

3. Faça alguns exemplos que mostrem as diferenças.

Exemplos

P.P.S.:

_____

Imperfeito:

4. Vamos fazer frases que exemplifiquem os diferentes casos em que se usa o *Imperfeito*. Preencha os espaços com os verbos no *Imperfeito* e preste atenção ao seu uso.

1.

Ações habituais no passado

a. Quando eu _____ (viver) na minha aldeia, _____ (costumar) ajudar os meus pais na quinta.

b. Antigamente, _____ (ser) mais difícil estudar no estrangeiro.

c. Dantes, os meus amigos _____ (vir) visitar-me frequentemente.

d. No ano passado, nós _____ (ir) ao ginásio três vezes por semana.

Vamo-nos conhecer?

2.

Idade e horas no passado

a. Quando eu _____ (ter) 15 anos, fui com os meus pais a Paris.

b. Ontem, _____ (ser) 3 horas da manhã quando chegaste a casa.

c. Nós _____ (ser) crianças, quando ele foi estudar para os Estados Unidos.

d. Que horas _____ (ser) quando o filme começou?

3.

Descrições no passado

a. O empregado que me atendeu ontem _____ (ser) mais simpático e _____ (ter) o cabelo mais curto.

b. O hotel onde ficámos _____ (ter) uma vista fantástica e a comida _____ (ser) excelente.

c. A discoteca aonde fomos ontem _____ (ter) muita gente e o ambiente não _____ (ser) muito agradável.

d. Anteontem a tua amiga _____ (trazer) um casaco azul muito giro.

4.

Ação que estava a acontecer, quando outra ocorreu (P.P.S.)

a. Eu _____ (estar) a falar ao telefone, quando tu chegaste.

b. Ela já _____ (vir) no autocarro, quando nós entrámos.

c. Nós _____ (estar) a jogar ténis, quando começou a chover.

d. Ontem, tu _____ (ir) para o ginásio, quando eu te vi.

5.

- **Valor de Condicional (desejos; situações irreais)**
- **Forma delicada de pedir algo**

a. Ela _____ (gostar) de ir ao Brasil, mas a viagem é muito cara.

b. _____ (poder – você) dizer-me as horas, por favor?

c. _____ (querer – eu) um café e um copo de água, por favor.

d. Eu _____ (comprar) o presente amanhã, mas não é possível porque a loja está fechada ao domingo.

Unidade 1

5.

1. Ouça duas vezes o que a Luísa diz sobre a sua amiga Rita e, em seguida, responda às perguntas.

1. Onde é que a Rita trabalha?
2. Onde é que ela mora?
3. A que horas começa a trabalhar?
4. Como é que ela vai para o trabalho?
5. Ela sai do trabalho todos os dias à mesma hora?
6. Onde é que a Rita gostava de trabalhar?
7. O que é que ela faz aos fins de semana?

2. Agora leia o texto. Seguidamente, volte a lê-lo, mudando para o *Imperfeito* do *Indicativo* os verbos conjugados no *Presente*.

> A minha amiga Rita *trabalha* num Banco em Santarém. Como ela *mora* em Lisboa, *tem* de se levantar todos os dias muito cedo, pois *começa* a trabalhar antes das 8.30. Ela, normalmente, *vai* de carro para o trabalho, mas às vezes *prefere* ir de comboio. À tarde, ela nunca *tem* uma hora fixa para sair. Muitas vezes só *consegue* sair do Banco entre as 7 e as 8 da noite. A Rita gostava de trabalhar em Lisboa, mas *sabe* que não *vai* ser fácil. Aos fins de semana, ela *gosta* de ir jogar ténis comigo e, ao sábado, à noite, *sai* sempre com os amigos: *vão* ao cinema, *jantam* fora, *vão* à discoteca, etc.

6.

1. Lembra-se de um amigo ou uma amiga especial de quando era criança? Fale-nos sobre ele/ela.

2. Imagine que ganhava uma viagem para um local à sua escolha. Conte aonde gostava de ir, o que gostava de fazer e porque escolhia esse local.

Vamo-nos conhecer?

B. Falar sobre o passado

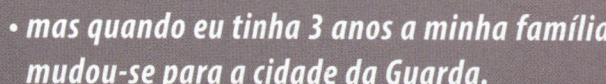

1.

1. Ponha as frases na ordem correta e fique a conhecer como foi a vida do Carlos.

- mas quando eu tinha 3 anos a minha família mudou-se para a cidade da Guarda.
- Quando eu tinha 15 anos, decidi deixar de estudar
- Foi nesta cidade que eu cresci e estudei,
- Era um trabalho muito duro

1. Nasci numa pequena aldeia,
- mas nunca gostei de andar na escola.
- e comecei a trabalhar na construção.
- Aos 16 anos, comecei a trabalhar no restaurante do Sr. António
- e não ganhava muito dinheiro.
- e hoje tenho 28 anos e já sou sócio dele. Em breve, vamos abrir outro restaurante.

2. Agora ouça o Carlos e verifique se ordenou as frases corretamente.

3. Faça as perguntas adequadas às seguintes respostas do Carlos.

1. – _____.
   – Nasci numa pequena aldeia.

2. – _____.
   – Quando eu tinha 3 anos.

3. – _____.
   – Porque não gostava de estudar..

4. – _____.
   – Era um trabalho muito duro.

5. – _____.
   – Tinha 16 anos.

6. – _____.
   – Não, hoje já não sou empregado de mesa. Eu e o Sr. António somos os donos do restaurante e tem tanto sucesso que vamos abrir outro em breve.

Unidade 1

4. Dos adjetivos que se encontram no quadro, quais são os que considera adequados para o Carlos?

estudioso	sociável	preguiçoso	antipático
desonesto	convencido	trabalhador	
arrogante	simpático	lutador	sério	vaidoso
simples	ambicioso	culto	ganancioso

5. Quais são os que considera como qualidades? E como defeitos? Compare a sua opinião com as dos seus colegas.

Qualidades	Defeitos

2. Pense num/a amigo/a e fale um pouco sobre ele/ela aos seus colegas. Dê todas as informações relevantes: identificação; nacionalidade; idade; profissão; descrição física; carácter; passatempos.

3. Conhece alguém que, por qualquer razão, mudou muito o seu carácter ou os seus hábitos de vida? Como era ele/ela antes e como é agora?

Vamo-nos conhecer?

4.

1. Estas caras entram frequentemente pelas nossas casas, através da televisão. São figuras públicas que todos os portugueses conhecem. Relacione as fotografias com os nomes e profissões, tentando identificar cada um deles. Explique a razão da sua escolha.

Daniela Ruah,
atriz

Diogo Morgado,
modelo e ator

Joana Vasconcelos,
artista plástica

Diogo Infante,
ator, encenador e diretor artístico

2. Ouça a gravação com a referência de alguns factos importantes da vida de cada um deles. Em seguida, leia as afirmações e diga se são <u>verdadeiras</u> ou <u>falsas</u>. Corrija as <u>falsas</u>.

	V	F
a. Daniela Ruah nasceu em Portugal.	V	F
b. Atuou pela primeira vez quando tinha 18 anos.	V	F
c. A Daniela participa numa conhecida série americana de televisão.	V	F

	V	F
a. Em criança, Diogo Morgado viveu no Alentejo.	V	F
b. Ele começou a sua carreira profissional como modelo.	V	F
c. Diogo Morgado é um ator conhecido apenas em Portugal.	V	F

a. Joana Vasconcelos é uma artista plástica portuguesa pouco conhecida.	V	F
b. Ela vive em Paris.	V	F
c. Joana já expôs o seu trabalho em muitos países.	V	F

a. Diogo Infante começou a sua vida profissional como guia turístico.	V	F
b. Foi diretor artístico de mais do que um teatro.	V	F
c. Na sua carreira profissional, Diogo já foi encenador, ator e apresentador.	V	F

C. Fonética

 Todas as palavras têm, em português, de ter uma sílaba tónica. Vai ouvir grupos de palavras em que a última sílaba é a mais forte (tónica), devido à sua terminação.

l	z	r
jorn*al*	rap*az*	colh*er*
pap*el*	cap*az*	compreend*er*
quint*al*	cap*uz*	sent*ir*
fenomen*al*	ref*az*	am*or*
fun*il*	arr*oz*	senh*or*

i	u
atr*ai*	bacalh*au*
rel*i*	trabalh*ou*
sent*i*	sent*iu*
compreend*i*	com*eu*
distrib*ui*	encontr*ou*

Apêndice Gramatical

1 Pretérito Imperfeito

Verbos regulares

	-ar	-er	-ir
eu	-ava	-ia	
tu	-avas	-ias	
você, ela, ele	-ava	-ia	
nós	-ávamos	-íamos	
vocês, elas, eles	-avam	-iam	

Verbos irregulares

	ser	ter	vir	pôr
eu	era	tinha	vinha	punha
tu	eras	tinhas	vinhas	punhas
você, ela, ele	era	tinha	vinha	punha
nós	éramos	tínhamos	vínhamos	púnhamos
vocês, elas, eles	eram	tinham	vinham	punham

O **Pretérito Imperfeito** usa-se nos seguintes casos:

1. Para falar de **ações habituais** no passado.

> **Exemplo**   Antigamente, as pessoas **viajavam** menos nas férias.

2. Quando se refere **idade** e **horas** no passado.

> **Exemplos**   Quando eu **tinha** 16 anos, fui à Alemanha.
> **Eram** 11:00 quando a aula começou.

3. Para fazer **descrições** de algo ou de alguém no passado.

> **Exemplos**   A casa onde nasci **era** pequena, mas **tinha** um lindo jardim.
> A minha vizinha **era** uma senhora muito simpática.

4. Para falar de uma ação que **estava a acontecer**, quando outra ocorreu (**P.P.S.**).

> **Exemplo**   Quando tu saíste, eu **estava** a falar com o diretor.

5. Para pedir algo de forma delicada, ou para expressar um desejo (valor de **Condicional**).

> **Exemplos**   **Podia** trazer-me uma água com gás?
> **Queria** uma bica, por favor.
> **Gostava** imenso de ir ao Brasil.

Conheces alguma lavandaria?

- Compreender anúncios publicitários e folhetos publicitários
- Compreender informações, instruções e explicações em diferentes áreas de serviços
- Aconselhar
- Expressar opinião
- Serviços
- Publicidade
- Avisos, regras e instruções
- Nomes e funções de objetos úteis
- **Infinitivo Pessoal**
- **Infinitivo Impessoal**
- Palavras com diferentes sílabas tónicas (agudas, graves e esdrúxulas)

Conheces alguma lavandaria?

A. Conheces alguma lavandaria?

1. Leia e ouça o diálogo.

À saída da faculdade:

Paulo: Olá, Robin.
Robin: Ah, olá, Paulo.
Paulo: Então, como vão as tuas aulas? Estás a compreender o que os professores dizem?
Robin: Às vezes não é fácil apanhar tudo, mas até agora não tive muitos problemas. E os meus colegas têm sido muito prestáveis. Sempre que tenho alguma dúvida, sei que posso contar com a ajuda deles.
Paulo: Ótimo! Também sabes que podes contar comigo.
Robin: Por falar nisso, precisava de te perguntar uma coisa.
Paulo: Sim?
Robin: Tenho imensa roupa para lavar e a máquina lá de casa está avariada. Conheces alguma lavandaria perto da minha casa?
Paulo: Uma lavandaria?
Robin: Sim, uma lavandaria com máquina de lavar e secar roupa. Nos Estados Unidos, é possível lavarmos a roupa nessas lavandarias. As pessoas põem a roupa na máquina, metem uma moeda e esperam até a roupa estar pronta.
Paulo: Ah! Isso aqui não é possível. Aqui, é necessário deixares a roupa na lavandaria e vais buscá-la no dia seguinte. Além disso, acho que deve ser caro. Normalmente, nós lavamos a roupa em casa e só vamos à lavandaria quando temos peças que têm de ser limpas a seco. Mas logo à tarde, depois das aulas, vou contigo a uma lavandaria e vamos saber os preços.

2. Responda às seguintes perguntas:

1. Qual é a nacionalidade do Robin?
2. Ele compreende tudo o que os professores dizem?
3. Como são os colegas dele?
4. Porque é que o Robin precisa de ir a uma lavandaria?
5. As lavandarias em Portugal são como o Robin pensava?
6. No seu país, as lavandarias são um serviço muito procurado? Oferecem um serviço diferente das lavandarias em Portugal?

Unidade 2

3. O Robin e o Paulo foram a duas lavandarias e trouxeram os preços de cada uma delas.

O MUNDO DA ROUPA
LIMPEZA A MOLHADO

ROUPA BRANCA (mínimo de 3 Kg)
Lavar, secar e passar • 2,50 € / Kg

ROUPA DE COR (mínimo de 5 Kg)
Lavar, secar e passar 2,50 € / Kg

LAVA E SECA, LDA.
Limpeza a molhado

Peças variadas (mínimo 1 Kg)

Lavar e secar – 1,50 € / Kg

Lavar, secar e passar – 2,50 € / Kg

O Robin juntou a roupa que tem para lavar e escreveu uma lista. Imagine que é o Robin. Que lavandaria escolhia? Porquê?

- 4 T-shirts
- 2 calças de ganga
- 1 camisa
- 6 boxers
- 6 pares de meias
- 1 pijama
- 1 toalha de banho
- 1 toalha de cara
- 1 pano da louça

2.

1. Repare nas frases do diálogo:

Às vezes, não é *fácil* **apanhar** tudo...

Tenho imensa roupa *para* **lavar**.

Nos Estados Unidos, é *possível* **lavarmos** a roupa nessas lavandarias.

As pessoas... esperam, *até* a roupa **estar** pronta.

Aqui, é *necessário* **deixares** a roupa na lavandaria...

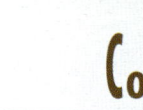

Conheces alguma lavandaria?

2. O *Infinitivo Pessoal* usa-se depois de determinadas expressões e quando o verbo se relaciona com um sujeito determinado:

- **Expressões impessoais:** É importante... / É necessário... / É provável... / É bom...

- **Preposições e locuções prepositivas:** ao; para; por; até; antes de; depois de; apesar de; no caso de...

Complete o quadro com as formas do verbo ver no *Infinitivo Pessoal*.

ver	vermos	verem
	veres	ver

eu	
tu	
você	
ela, ele	
nós	
vocês	
elas, eles	

3. Imagine que vai passar algum tempo na cidade do Porto a estudar ou a trabalhar. Estes são alguns dos conselhos que um amigo português lhe podia dar. Complete os espaços com os verbos no *Infinitivo Pessoal*.

Gramática: Infinitivo Pessoal

Unidade 2

1. Apesar de já _____ (falar) um pouco de português, é conveniente _____ (estudar) um pouco mais antes de _____ (vir).

2. É melhor _____ (trazer) roupa quente, no caso de _____ (vir) no inverno.

3. Se ficas durante muito tempo, é conveniente _____ (comprar) um cartão para os transportes públicos.

4. Tens de ir ao café Magestic para _____ (beber) um café.

5. Ao _____ (chegar) a uma paragem de autocarro, deves ficar na fila.

6. Para _____ (telefonar) para a tua família, é preferível _____ (usar) um cartão telefónico, que podes comprar nos Correios.

7. No caso de _____ (vir) no verão, é possível _____ (ir) à praia.

8. É imprescindível _____ (visitar) as Caves de Vinho do Porto.

4. Imagine agora a situação contrária: um amigo português vai estudar ou trabalhar para a sua cidade. Que conselhos é que você lhe podia dar? Use algumas das expressões que exigem o *Infinitivo Pessoal*.

É aconselhável **ele**...
É necessário...
No caso de...
Apesar de...

Falar: usar o Infinitivo Pessoal

3. O *Infinitivo Impessoal* não se dirige a um sujeito determinado.

1. Complete os espaços nas frases da página seguinte com os nomes e verbos dos quadros abaixo.

chave	aspirador	panela
grelhador	máquina de barbear	
ferro de engomar	torradeira	
leitor-gravador de DVD	secador	
varinha mágica	aparelhagem	

ouvir	fazer	grelhar
secar	triturar	passar
gravar	abrir	torrar
fazer	aspirar	

Gramática: Infinitivo Impessoal

Conheces alguma lavandaria?

1. _____ serve para _____ uma porta.

2. _____ serve para _____ pão.

3. _____ serve para _____ a roupa.

4. _____ serve para _____ programas da televisão e visionar DVD.

5. _____ serve para _____ os alimentos.

6. _____ serve para _____ o chão.

7. _____ serve para _____ carne ou peixe.

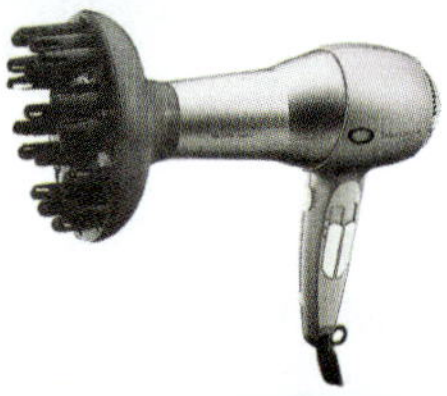

8. _____ serve para _____ o cabelo.

9. _____ serve para _____ música.

10. _____ serve para _____ uma sopa.

11. _____ serve para _____ a barba.

Unidade 2

Gramática: Infinitivo Impessoal

2. Muitas vezes lemos avisos, regras, proibições, instruções que se encontram no *Infinitivo Impessoal*. Passe as que se seguem para o *Imperativo* (você).

1. Não fumar.
   _____!

2. Não pisar a relva.
   _____!

3. Não tirar fotografias.
   _____!

4. Não estacionar.
   _____!

5. Inserir o cartão.
   _____!

6. Não passar a ferro.
   _____!

7. Não fazer barulho.
   _____!

8. Deitar as gemas e mexer.
   _____!

9. Lavar à mão.
   _____!

10. Introduzir a moeda.
    _____!

3. Onde é possível encontrar cada uma delas?

1. _____.
2. _____.
3. _____.
4. _____.
5. _____.
6. _____.
7. _____.
8. _____.
9. _____.
10. _____.

Conheces alguma lavandaria?

B. Publicidade

1. Leia e analise os seguintes folhetos publicitários.

Compreender folhetos publicitários

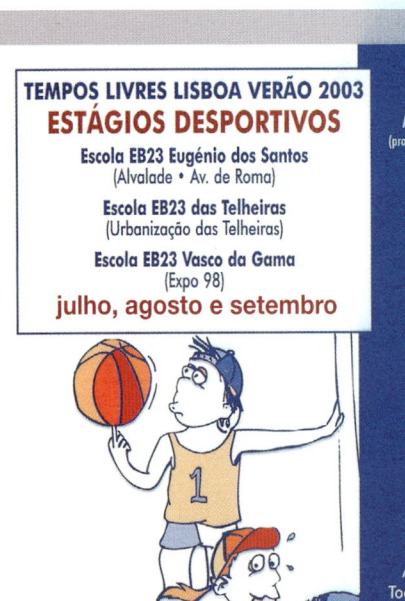

TEMPOS LIVRES LISBOA VERÃO 2003
ESTÁGIOS DESPORTIVOS
Escola EB23 Eugénio dos Santos
(Alvalade • Av. de Roma)
Escola EB23 das Telheiras
(Urbanização das Telheiras)
Escola EB23 Vasco da Gama
(Expo 98)
julho, agosto e setembro

PROGRAMAS SEMANAIS
ATIVIDADES DESPORTIVAS GERAIS
(praticadas pelos participantes, de acordo com o escalão etário)

Ténis
Basebol
Esgrima
Tiro c/Arco
Desportos Radicais
Hóquei em Campo
Futebol
Basquetebol
Voleibol
Râguebi
Badminton

ATIVIDADES DESPORTIVAS FACULTATIVAS
(possibilidade de escolher uma a duas atividades)
Karting • Equitação
• Bowling • Paintbal
... e ainda
Cinema, Vídeo, Jogos Tradicionais,
Ping-Pong, Concursos,
Atividades Lúdicas e muita Animação
Todos os dias úteis das 08h30 às 18h30
Dos 5 aos 18 anos

88 € /semana (*)
(refeições incluídas)

LIMPEZAS
Diárias e Periódicas

Serviço permanente

Casas particulares, Condomínios,
Escritórios, Hotéis, Ginásios,
Alcatifas, Sofás e Cortinados

Limpeza Pós-obras e Pós-incêndios,
Inundações

EXPLICAÇÕES
PREPARAÇÃO PARA EXAMES

MATEMÁTICA
INGLÊS
FRANCÊS

INFORMAÇÕES
21 333 22 55

DONA ROUPA
Engomadoria

Engomamos a sua roupa.
Serviço gratuito de recolha e entrega ao domicílio.
Entrega em 24/48 horas.

20 peças = 30 euros
30 peças = 35 euros

MP REMODELAÇÕES
TRANSFORMAMOS AS SUAS IDEIAS EM REALIDADE

Facilidades de Pagamento

Orçamentos Grátis

Pedreiro • Cozinhas / Banho • Carpintaria • Canalizador • Pintura • Eletricista • Gás • Caixilharia

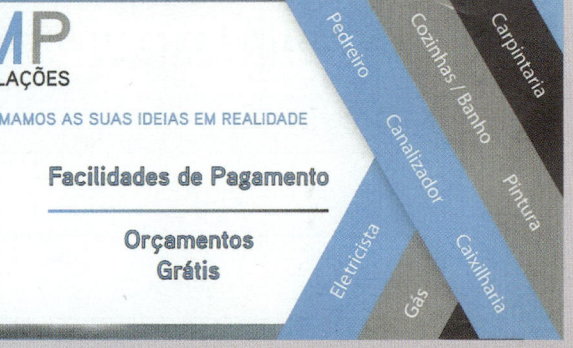

Ama
Senhora responsável e experiente cuida de crianças.
Máximo de 4 crianças até aos 3 anos.

DEIXA OS TEUS PAIS NAS COMPRAS
E VEM BRINCAR COM O PÊPÊ E COM O RÔI
PARA OS BICHINHOS CARPINTEIROS
AQUI PODES FAZER JOGOS, TRIAR, PINTAR ...

mãos de TESOURA
Ajustes à medida

Uma nova solução para arranjar e transformar a sua roupa

Apertos, forros, cortes, bainhas,
mudanças de fechos, botões, colarinhos, golas,
chumaços e todo o tipo de arranjos de costura.

ARTESÃOS DA COMIDA
REFEIÇÕES PRONTAS

Confecionamos diariamente refeições prontas
para levar ao seu forno ou microondas
Disponíveis na loja ou para entrega ao domicílio

Unidade 2

1. Que serviços é que cada folheto oferece?
2. Em que situações é que as pessoas precisam destes serviços?
3. Todos estes serviços existem no seu país?
   Dos que não existem quais acha que podiam ter sucesso?
4. Quais são os serviços mais procurados no seu país?

2. Estas imagens pertencem a anúncios publicitários retirados de diferentes revistas. Olhe para cada um deles e diga o que pensa que poderá estar a anunciar. Justifique as suas opiniões.

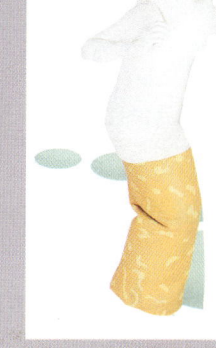

Agora vire a página e tente completar cada anúncio com a parte que lhe faltava e confirme se as suas ideias estavam corretas.

Conheces alguma lavandaria?

3. Repare na página de publicidade à Lista das Páginas Amarelas.

   1. Em que situações é que se necessita de recorrer a esta Lista? Já alguma vez consultou uma Lista destas? Acha que tem uma grande utilidade?

   2. Imagine que vai de férias e siga as instruções que este anúncio lhe dá. Quais são os títulos que tem de consultar?

Unidade 2

TUDO PARA AS SUAS FÉRIAS

Finalmente é chegado o momento do ano. Veja aqui algumas dicas para deixar o stress e as preocupações em casa e comece já a fazer as malas. 1. Antes de mais, escolha o seu destino: praia, campo ou cidade? Lá fora ou cá dentro? Tudo depende da sua disposição e de quanto quer gastar. 2. Contacte uma agência de viagens e saia com tudo reservado. Além de as tarifas serem mais altas ao balcão dos hotéis, escusa de perder o seu precioso tempo à procura de uma vaga. 3. No caso de querer alugar um carro, faça-o com antecedência. 4. Não se esqueça do seguro de viagem. No caso de pagar os bilhetes com o cartão de crédito, provavelmente já o tem incluído. Caso contrário, faça um particular. 5. Antes de sair de casa, verifique se está tudo desligado, se as janelas estão fechadas e boa viagem!

- Aeroportos e Aeródromos
- Agências de Aluguer de Habitação
- Agência de Bilhetes p/ Espetáculos
- Apartamentos
- Atrelados e Reboques
- Automóveis – Aluguer (com e sem condutor)
- Aviação – Companhias
- Barcos de Recreio – Aluguer
- Bares
- Bólingue
- Caminho de Ferro
- Campismo – Materiais
- Campos de Férias
- Canis e Gatis
- Caravanas e Autocaravanas
- Casinos
- Centros Culturais
- Cinemas e Teatros
- Desporto – Artigos e Equipamentos
- Desporto Aventura
- Discotecas (Dança) e Clubes
- Embaixadas, Consulados e Legações
- Estádios e Campos Desportivos
- Estalagens
- Excursões
- Fatos de Banho
- Galerias de Arte
- Geladarias
- Ginásios
- Golfe
- Guias de Turismo
- Hipódromos
- Hotéis
- Hotéis Rurais
- Jardins Zoológicos
- "Karts"
- Malas de Viagem – Lojas
- Máquinas Fotográficas e Cinematográficas
- Marinas
- Meteorologia e Geofísica – Serviços
- Museus
- Oceanários
- Parques de Campismo
- Parques de Diversão e Públicos
- Pensões
- Pesca Desportiva – Artigos e Equipamentos
- Piscinas Públicas
- Pousadas
- Praças de Touros
- "Pubs"
- Residenciais
- Restaurantes
- Restaurantes Típicos
- Sauna
- Seguros – Companhias
- Solários
- Tempos Livres – Atividades
- Termas e Banhos
- Transportes de Passageiros
- Turismo – Agências
- Turismo – Cruzeiros
- Turismo – Delegações Oficiais
- Turismo – Empreendimentos
- Turismo de Aventura
- Turismo de Habitação
- Viagens – Agências

Conheces alguma lavandaria?

4.

1. Ouça os seguintes diálogos e diga onde cada um se passa.

Diálogo 1	a. Cabeleireiro
Diálogo 2	b. Ginásio
Diálogo 3	c. Agência de aluguer de automóveis
Diálogo 4	d. Aeroporto
Diálogo 5	e. Estação de comboio

2. Ouça novamente o diálogo 5 e responda às perguntas.

1. Por quanto tempo é que o cliente precisa do carro?
2. Por que razão é que a empregada da agência aconselha o VW Polo?
3. Quanto é que o cliente tem de pagar por dia?
4. Qual é a condição que a agência põe para alugar o carro, para além do preço de aluguer?
5. Onde é que o cliente vai buscar o carro?

C. Fonética

A grande maioria das palavras que não tem acento, tem a penúltima sílaba mais intensa. No entanto, como já vimos, há palavras em que a última sílaba é mais forte e ainda algumas em que a antepenúltima sílaba é a tónica (estas precisam sempre de um acento).

fa**lar**	faci**li**dade	a**gên**cia
ra**paz**	ga**ra**gem	extraordi**ná**rio
jor**nal**	baru**lhen**to	Fin**lân**dia
esta**ção**	repor**ta**gem	**sé**culo
espe**cial**	es**tra**nho	mate**má**tica
ale**mães**	cri**an**ça	**hú**mido
compreen**são**	pre**sen**ça	es**tô**mago

Apêndice Gramatical — Unidade 2

1 Infinitivo Pessoal

Infinitivo Pessoal	
Infinitivo	
eu	--
tu	**-es**
você, ela, ele	--
nós	**-mos**
vocês, elas, eles	**-em**

O **Infinitivo Pessoal** usa-se quando o verbo se refere a um sujeito determinado e depois de:

1. Expressões impessoais: **É possível...**
   É importante...
   É necessário...
   É difícil...

   Exemplos
   É importante *falarmos* mais do que uma língua.
   É bom *usares* a Lista das Páginas Amarelas.

2. Preposições ou locuções prepositivas: **ao, para, por, até, sem, antes de, depois de, no caso de, apesar de...**

   Exemplos
   Para *viajares* de avião, tens de ter o passaporte ou o bilhete de identidade / cartão de cidadão.
   No caso de *precisarem* de ajuda, podem contar comigo.
   Ao *entrar* em casa, ouvi um barulho estranho.

2 Infinitivo Impessoal

1. Usa-se quando o verbo não se refere a nenhum sujeito determinado e pode ter o valor de **Imperativo**.

   Exemplos
   Não *fumar*.
   Esta máquina serve para *fazer* café.
   É proibido *fumar* dentro dos transportes públicos.

2. O **Infinitivo Impessoal** pode ainda ser equivalente a um nome.

   Exemplos
   Fumar faz mal à saúde.

Viste ontem o filme na televisão?

- Compreender a programação televisiva
- Expressar opinião
- Fazer comparações
- Falar de ações anteriores a outras no passado
- Compreender entrevistas na imprensa escrita
- Contar a história de um filme
- Programação da televisão
- Cinema
- Espetáculos
- Música: o fado
- Entrevista
- **Particípio Passado** (regular e irregular)
- **Pretérito Mais-que-Perfeito Composto**
- Palavras derivadas por **prefixação**
- Consoantes mudas

Viste ontem o filme na televisão?

A. Viste ontem o filme na televisão?

1.

1. Ouça e leia o diálogo.

Xana: Viste ontem o filme no Canal 1?

Filipe: Qual filme?

Xana: "A Jangada de Pedra", o filme que fizeram do livro de José Saramago.

Filipe: Ah, não. Já o tinha visto no cinema. Sabes que eu raramente vejo televisão. Só gosto de ver o noticiário e, às vezes, vejo um jogo de futebol.

Xana: Futebol! Detesto futebol! Quase todos os dias há futebol na televisão.

Filipe: Que exagero! Não me digas que preferes as telenovelas!?

Xana: Não, claro que não gosto de telenovelas, mas gosto de ver alguns filmes. Mas o problema é que os filmes melhores, normalmente, passam tardíssimo. Como não dá para ir muitas vezes ao cinema, aproveito para ver na televisão e, às vezes, levo um DVD para casa. O novo sistema de "cinema em casa". Sempre sai mais barato do que ir ao cinema.

Filipe: Tens razão, mas eu não gosto muito de cinema. Só fui ver esse filme porque a Joana me convenceu.

Xana: A programação da televisão está cada vez pior. Os programas com maior sucesso são as telenovelas, os concursos, os "reality shows"... ah, e o futebol, claro. Os programas culturais nunca têm uma grande audiência.

Filipe: Pois não. Mas o facto é que a televisão é um passatempo que ocupa uma grande parte do tempo livre dos portugueses. Olha! Espera! Vai começar um jogo de futebol. Não te importas, pois não?

Unidade 3

2. Faça perguntas sobre o diálogo para as seguintes respostas.

1. _____?

   Porque já o tinha visto.

2. _____?

   No Canal 1.

3. _____?

   Só gosta de ver o noticiário e alguns jogos de futebol.

4. _____?

   Não, porque é caro ir ao cinema.

5. _____?

   Os programas como telenovelas, concursos, "reality shows" e futebol.

6. _____?

   Porque não têm muita audiência.

2.

1. Repare na seguinte frase do diálogo:

Já o **tinha visto** no cinema.

O *Pretérito Mais-que-Perfeito Composto do Indicativo* forma-se com:

ter *(Imperfeito)* + *Particípio Passado*

Complete os quadros com o *Particípio Passado* (regular) de cada verbo.

Infinitivo	Particípio Passado	Infinitivo	Particípio Passado	Infinitivo	Particípio Passado
fal**ar**		com**er**		ouv**ir**	
começ**ar**		t**er**		prefer**ir**	
olh**ar**		convenc**er**		**ir**	
cheg**ar**		l**er**		divert**ir**	

Viste ontem o filme na televisão?

Gramática: Particípios Passados irregulares

2. Junte cada verbo com o seu *Particípio Passado* irregular:

1. ver	a. ganho
2. vir	b. feito
3. escrever	c. gasto
4. pagar	d. aberto
5. limpar	e. posto
6. ganhar	f. dito
7. gastar	g. limpo
8. abrir	h. visto
9. fazer	i. escrito
10. dizer	j. pago
11. pôr	k. vindo

Gramática: Particípios Passados: completar frases

3. Use todos os *Particípios Passados* dos verbos do exercício anterior e termine as frases.

Quando eu cheguei, tu já *tinhas* .... visto o filme.

- _____
- _____
- _____
- _____
- _____
- _____
- _____
- _____
- _____

4. Conjugue os verbos no *Pretérito Mais-que-Perfeito Composto*.

A secretária eficiente

Quando o Diretor de Programas chegou, ela já...

_____ (abrir) o correio.

_____ (fazer) o café.

_____ (marcar) a reunião com os principais atores da nova telenovela.

_____ (enviar) um fax.

_____ (telefonar) para o advogado.

_____ (ver) os *e-mails*.

_____ (contactar) o novo apresentador de um programa de sucesso.

5. Responda às perguntas como no exemplo.

> – Leste a **história do filme**?
> – Não, já **a tinha lido**.

1. – Compraste **os bilhetes** hoje?
   – Não, _____.

2. – Viste **o resumo do jogo** no noticiário das 8 horas?
   – Não, _____.

3. – Pagaste **a renda** hoje de manhã?
   – Não, _____.

4. – Trouxeste **a cassete** hoje?
   – Não, _____.

5. – Disseste-**lhe** que hoje dá o filme?
   – Não, _____.

6. – Fizeste hoje **o relatório** para a reunião de amanhã?
   – Não, _____.

7. – Ele limpou **a sala** hoje?
   – Não, _____.

8. – Abriste **as janelas** quando eles chegaram?
   – Não, _____.

Viste ontem o filme na televisão?

3.

1. Esta é a programação dos quatro canais da televisão portuguesa para um dia de semana. Em Portugal só alguns programas para crianças são dobrados; todos os outros são transmitidos na sua versão original e têm legendas em português.

RTP1

06:55 – Boletim Agrário

07:00 – Bom Dia Portugal
Magazine informativo diário.

10:00 – Praça da Alegria
Magazine diário de entretenimento.

13:00 – Jornal da Tarde
Inclui a rubrica O Tempo.

14:00 – Lusitana Paixão
Telenovela Portuguesa.

14:30 – Portugal no Coração
Magazine de entretenimento.

17:00 – SMS - Ser Mais Sabedor
Concurso de perguntas e respostas, entre duas equipas de alunos do último ano da escolaridade obrigatória.

17:30 – Operação Triunfo – Diário

18:00 – Futebol: Liga dos Campeões
Antevisão do jogo.

19:35 – Futebol: Liga dos Campeões
"F.C.Porto-Real Madrid".

21:35 – Telejornal

22:35 – Quem Quer Ser Milionário
Concurso diário de cultura geral.

23:35 – Serviço de Urgência
Novos episódios de uma série que relata o ambiente frenético de um dos mais movimentados hospitais do mundo.

00:30 – Futebol: Liga dos Campeões
Resumos da jornada.

02:00 – RTP Cinema:
"Estrada do Poder".
De Herbert Ross. EUA.

03:55 – Televendas

RTP2

07:02 – RTP Crianças
Magazine infantil.

10:00 – Euronews

13:00 – RTP Crianças

14:00 – Euronews

15:00 – Informação Gestual
Inclui o Jornal da Tarde.

16:00 – Euronews

18:00 – A Fé dos Homens
Magazine religioso.

18:30 – Desafio radical
No último episódio, um piloto de planador e um instrutor de asa delta atravessam o país numa aventura aérea.

19:00 – Documentário:
"O Ano do Chimpazé"
Um documentário sobre a vida social dos chimpazés na Tanzânia.

20:00 – RTP Crianças
Magazine Infantil que inclui diversas séries de animação.

20:30 – As Três Irmãs
Série de humor norte-americana.

21:00 – Casei com uma feiticeira
Série de humor em reposição.

21.20 – Bombordo
"Impressões das Profundezas"
Documentário sobre os recifes de coral.

22:00 – Jornal 2

23:00 – Mentes Assassinas
Série de oito episódios sobre a mente dos criminosos.

00:00 – Cinco Noites Cinco Filmes: "Bananas"
De Woody Allen. EUA.

01:30 – Justiça Final
Segundo e último episódio de uma série de suspense norte-americana.

SIC

06:45 – Iô-Iô
Programa infantil que inclui conversas, reportagens, jogos, desenhos animados e convidados especiais.

09:15 – A Minha Família é Uma Animação
Série juvenil.

10:00 – SIC 10 Horas
Magazine diário de entretenimento.

13:00 – Primeiro Jornal

14:00 – Rex, o Cão Polícia
Série policial austríaca.

15:00 – Às Duas Por Três
Magazine de entretenimento.

17:00 – Malhação
Telenovela brasileira.

17:45 – As Filhas da Mãe
Telenovela brasileira.

18.30 – New Wave
Telenovela brasileira.

19:00 – Agora é que São Elas
Telenovela brasileira.

20:00 – Jornal da Noite

21:15 – Ídolos

21:30 – Malucos do Riso
Série portuguesa de humor.

22:00 – Mulheres Apaixonadas
Telenovela brasileira.

23.00 – Kubanacan
Telenovela brasileira.

00:00 – Cine America:
"War Child – Passagem Para o Inferno"
De Isaac Florentine. EUA.

02:00 – A Culpa é do Macaco
Concurso semanal transmitido em direto. Dois grupos de 25 participantes, cada um, defrontam-se em várias provas.

TVI

07:30 – Animações

09:00 – Ligar Para Ganhar
Concurso interativo, no qual os espectadores podem participar via telefone.

10:00 – Olá Portugal
Magazine diário de entretenimento.

13:00 – TVI Jornal

14:00 – Big Brother

16:45 – Big Brother - Extra

17:00 – Quem quer ganha
Concurso diário.

17:30 – Bons Vizinhos
Série portuguesa de ficção.

19:00 – Morangos Com Açúcar
Telenovela portuguesa.

20:00 – Jornal Nacional

21:30 – Big Brother - Compacto

22:00 – Saber Amar
Telenovela portuguesa.

23:00 – O Teu Olhar
Telenovela portuguesa.

00.00 – Big Brother - Especial

00:30 – Filme: "Rivalidade Fatal"
De Christopher Leitch. EUA.

02:00 – Filme: "Espírito de Natal"
Um conto de Natal de David Jones. EUA.

04:00 – TVI Negócios
Magazine económico.

04:15 – Frasier
Série de humor norte-americana.

04:45 – Dona Anja
Telenovela brasileira.

Unidade 3

Dê exemplos de diferentes tipos de programas que vão ser exibidos, de acordo com a classificação que se segue.

entretenimento	concursos	informação	séries

telenovelas	filmes	culturais	crianças

2.
1. Qual é a sua opinião sobre a televisão em Portugal? Quais são os aspetos que lhe chamaram mais a atenção?
2. Quais são as diferenças mais evidentes entre a televisão portuguesa e a do seu país?
3. Qual é a sua opinião em relação ao facto de os filmes estrangeiros terem legendas?
4. Que tipo de programas têm mais sucesso no seu país? Quais podem ser as razões para esse sucesso?
5. Você é um/uma espectador/a assíduo/a de televisão? Que tipo de programas prefere?

B. Espetáculos

1.
1. Leia o seguinte texto sobre Lisboa e o fado. Em seguida, leia a entrevista com Mariza, uma fadista reconhecida internacionalmente.

Viste ontem o filme na televisão?

A

Lisboa, cidade das sete colinas, possibilita aos seus habitantes e visitantes uma variada oferta de cultura e de programas para as noites que, em Portugal, são sempre longas. Existem inúmeras possibilidades que preenchem os dias daqueles que escolheram Lisboa como destino de férias: museus, monumentos, parques, bairros típicos, diferentes praias, uma visita à serra de Sintra...

Mas se pensa que a noite não é só para dormir, não lhe vai ser difícil encontrar um programa diferente e divertido para as suas noites. Existem possibilidades para todos os gostos, para todas as idades, para os que procuram cultura e para os que preferem só diversão: teatro, cinema, bailados, concertos, musicais, revista à portuguesa, restaurantes, bares, discotecas...

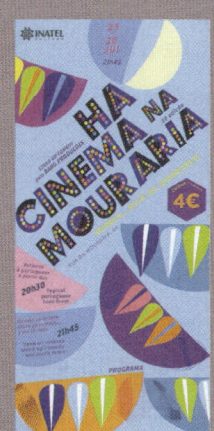

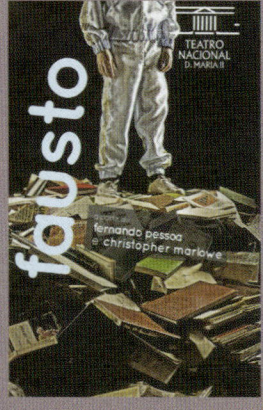

No entanto, todos os que nos visitam e se interessam pela nossa cultura devem ouvir o fado, pelo menos uma vez. O fado é, por excelência, a canção de Lisboa. O fado de Lisboa é, tradicionalmente, a canção que expressa a dor e os sentimentos que vão na alma: os desgostos de amor e a saudade. Mas o fado nem sempre é triste. Também podemos dizer que o fado de hoje evoluiu. Novas vozes de uma nova geração de fadistas surgiram nos últimos anos, como é o caso de Mariza, que recebeu em 2003 o prémio BBC para Melhor Artista Europeia de World Music, atribuído pela crítica de todo o mundo.

Unidade 3

Ler uma entrevista

Leia uma pequena parte da entrevista com Mariza que uma revista publicou, pouco tempo depois de ela receber o prémio.

B

"FOI O FADO QUE ME FOI BUSCAR.

Já a apontam como a sucessora natural de Amália Rodrigues. Mas o que Mariza quer na vida é apenas "cantar, cantar e cantar...". E é isso que esta jovem nascida em Moçambique e criada na Mouraria faz melhor. A prová-lo está o sucesso mundial que alcançou, somente com 29 anos de idade.

— É difícil fugir ao fado quando se cresce na Mouraria?
— Penso que sim, mas também deve haver muita gente que lá vive e que não se identifica com o fado. No meu caso, tudo começou num restaurante que os meus pais tinham, onde aos domingos faziam umas tardes de fado. Lembro-me que o que mais me fascinava era o som da guitarra portuguesa.
— Com que idade é que começou a cantar fado?
— Com 5 anos; ainda nem sabia ler.
— E quando é que decidiu fazer deste género de música a sua vida?
— Acho que foi o fado que decidiu por mim. Eu cantava outras coisas, mas era tudo um pouco matemático. Com o fado é diferente: fecho os olhos, abro a boca e sai; nem sequer preciso de pensar. Mesmo no tempo em que cantava *jazz* e *blues*, sempre que havia ambiente gostava de cantar um fado no final da noite.
— Aclamada, tanto a nível nacional como internacionalmente, é hoje uma estrela. Já se habituou a esse estatuto?
— Não me sinto nem estrela, nem diva, nem nada dessas coisas que escrevem sobre mim. O que quero é cantar, que é o que faz sentido para mim na vida."

Viste ontem o filme na televisão?

Oralidade: compreensão do texto

2. Responda às seguintes perguntas sobre o texto A.

1. Segundo o texto, o que é que a cidade de Lisboa tem para oferecer aos visitantes?
2. Para si, e segundo a informação do texto, Lisboa é mais interessante de dia ou de noite?
3. Fale um pouco sobre a sua cidade. Como é que os visitantes podem ocupar o seu tempo? O que é que os turistas gostam mais de visitar?

Compreensão da entrevista

3. Leia as seguintes afirmações relacionadas com o texto B e diga se são Verdadeiras ou Falsas. Corrija as Falsas.

	V	F
1. Mariza nasceu e cresceu na mesma cidade.	V	F
2. Ela sempre cantou só fado.	V	F
3. Ela começou a cantar fado quando era criança.	V	F
4. A família não gostava de ouvir fado.	V	F
5. Mariza sempre gostou de fado.	V	F
6. Para ela, é muito importante ser considerada uma estrela.	V	F

Oralidade

2.

1. Responda às perguntas sobre os cinemas na sua cidade.

Como são os cinemas na sua cidade?		
1. Na sua opinião, os bilhetes de cinema são caros ou baratos?	4. É possível reservar bilhetes com antecedência?	7. Os filmes estrangeiros são dobrados ou legendados?
2. Os bilhetes têm um preço único ou o preço depende do lugar?	5. É normal os filmes terem um ou mais intervalos?	8. É permitido comer e beber nos cinemas?
3. Os bilhetes têm, normalmente, lugar marcado ou as pessoas podem sentar-se onde querem?	6. Há muitos anúncios e apresentação de novos filmes antes de o filme começar?	

Oralidade

2. Lembra-se do último filme que viu? Em poucas palavras, faça o resumo da história.

Unidade 3

3. O espetáculo musical "My Fair Lady" teve um enorme sucesso em Londres. Conhece a história? Não? Então, vai poder ler o resumo da história. Só há um pequeno problema: esqueceram-se de conjugar alguns *verbos* e de colocar alguns *pronomes pessoais* na forma correta. Complete a história com as formas corretas dos *verbos* e dos *pronomes*.

My Fair Lady

Era uma jovem pobre que _____ (**vender**) flores numa esquina da cidade de Londres.

Dois homens muito ricos discutiam sobre a possibilidade de alguém pobre se _____ (**poder**) transformar numa pessoa da alta sociedade e não chegavam a acordo.

Ao _____ (**ver/ela**), decidiram fazer uma aposta. _____ (**levar/ela**) para sua casa e _____ (**educar/ela**).

A experiência foi tão bem sucedida, que ela _____ (**tornar-se**) numa senhora extremamente educada.

No final, o homem que _____ (**apostar**) que essa transformação não _____ (**ser**) possível, acabou por se apaixonar por ela e casaram.

4. Siga as regras de *prefixação* e complete o quadro com as palavras *contrárias* dos exemplos dados.

Formação de palavras

Prefixos	Exemplos	Significado
des- (se a palavra começa por **h-**, este desaparece)	honesto humano fazer ligar aparecer marcar vantagem agradável	ideia contrária
in- (**im-** antes de **-b** ou **-p**) (**ir-** antes de **-r**) (**i-** antes de **-l, -m, -n**) (se a palavra começa por **h-**, este desaparece)	legal hábil regular feliz possível real perfeito justo útil	

Viste ontem o filme na televisão?

 **5.** Ouça o locutor da televisão a anunciar os programas que os espectadores podem ver esta noite e preencha o quadro com a informação necessária, segundo a ordem da sua exibição.

Horas	Programa

C. Fonética

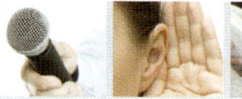 

Consoantes mudas

Apesar da entrada em vigor do novo Acordo Ortográfico, a língua portuguesa continua a apresentar duas ortografias, a brasileira e a europeia. Essa situação mantém-se por causa das diferenças fonéticas. A única consoante muda em português é o *h* – que no princípio de uma palavra é sempre mudo. Mantêm-se, no entanto, algumas consoantes em algumas palavras – dupla grafia – em virtude de serem pronunciadas conforme as regiões do país.

h
húmido
hélice
homem
hora

dupla grafia
cará(c)ter
cara(c)terização
espe(c)tadores
se(c)tores
acupun(c)tura

Apêndice Gramatical — Unidade 3

1 Pretérito Mais-que-Perfeito Composto do Indicativo

Forma-se com o verbo auxiliar **ter**, conjugado no **Imperfeito** + o **Particípio Passado** do verbo principal.

	-ar	**-er**	**-ir**
Infinitivo	falar	comer	partir
Particípio Passado (regular)	fal**ado**	com**ido**	part**ido**

	Pretérito Mais-que-Perfeito Composto do Indicativo	
eu	**tinha**	**comido**
tu	**tinhas**	**chegado**
você, ela, ele	**tinha**	**acordado**
nós	**tínhamos**	**partido**
vocês, elas, eles	**tinham**	**ido**

O Pretérito Mais-que-Perfeito Composto do Indicativo usa-se para falar de ações passadas, que aconteceram antes de outras também no passado.

Exemplos Quando eu cheguei a casa, tu já **tinhas saído**.
Ontem, nós oferecemos um livro ao Miguel, mas ele já o **tinha lido**.

Particípios irregulares	
abrir	*aberto*
dizer	*dito*
escrever	*escrito*
fazer	*feito*
ganhar	*ganho*
gastar	*gasto*
limpar	*limpo*
pagar	*pago*
pôr	*posto*
ver	*visto*
vir	*vindo*

Apêndice Gramatical

2 Palavras derivadas por prefixação

A algumas palavras é suficiente juntarmos um **prefixo** no seu início para termos a **ideia contrária**.

Formação de palavras

Prefixos	Significado
des- (se a palavra começa por **h-**, este desaparece)	ideia contrária
in- (**im-** antes de **-b** ou **-p**) (**ir-** antes de **-r**) (**i-** antes de **-l, -m, -n**) (se a palavra começa por **h-**, este desaparece)	

Exemplos

Abandonar um animal é uma atitude **desumana**.

Como viajo muito, estou sempre a fazer e a **desfazer** as malas.

É **impossível** conseguirmos vender a casa até amanhã.

Ele teve uma atitude **irresponsável**.

Em Portugal, a venda de drogas é **ilegal**.

Acho que ela foi muito **injusta** connosco.

Unidade de Revisão 1

1. Complete as frases com os verbos conjugados no <u>P.P.S.</u> ou no <u>Imperfeito</u>.

1. Ele _____ (entrar) na loja e _____ (pedir) o casaco que _____ (estar) na montra.
2. Ontem, o técnico _____ (estar) no escritório das duas às seis da tarde, mas não _____ (conseguir) pôr o computador a funcionar.
3. Quando _____ (passar) pela padaria, _____ (ver) a tua mãe e _____ (reparar) que ela _____ (ter) um saco muito giro.
4. _____ (gostar) imenso de ir à tua festa, mas tenho uma reunião nesse dia.
5. O que é que os teus filhos _____ (estar) a fazer, quando tu _____ (chegar) a casa?
6. Eles _____ (ir) viver para França, quando o filho mais velho _____ (ter) 6 anos.
7. A empregada que me _____ (atender) ontem _____ (ser) muito magra e _____ (ter) o cabelo grisalho.
8. Ontem nós _____ (ir) ao cinema e _____ (gostar) imenso do filme que _____ (ver). A sala _____ (estar) cheia e quando _____ (sair), _____ (haver) uma fila enorme de gente para a sessão da meia-noite.
9. O autocarro que eu _____ (apanhar) ontem à tarde _____ (estar) tão cheio que não me _____ (poder) sentar durante todo o caminho.
10. Antigamente, tu _____ (vir) a minha casa todas as semanas, mas desde que _____ (começar) a trabalhar, _____ (deixar) de me visitar.
11. _____ (querer) um café e um pastel de nata, por favor.
12. Nós _____ (poder) fazer a festa cá em casa, mas preferimos levar as crianças ao parque e fazer um piquenique.

2. Coloque as palavras que se encontram no quadro dentro das caixas adequadas.

mecânico	maestro	atriz	passe	agulha	motor
linha	pneu	reparar	fadista	bainha	
bilhete	encenador	cantor	comédia		
bateria	coser	viajar	atuar	condutor	
voo	coro	medir	palco	voz	

Costura	Oficina	Teatro	Música	Transportes

Unidade de Revisão 1

3. Use a expressão que está entre parêntesis para juntar as duas frases. Faça as alterações necessárias.

1. Vai chover. Levo o guarda-chuva. (*no caso de*)
   _____.

2. Terminam o relatório. Depois, falam com o cliente. (*depois de*)
   _____.

3. Está muito calor. Vou andar de bicicleta. (*apesar de*)
   _____.

4. Chegas a casa. Telefonas para o aeroporto. (*ao*)
   _____.

5. Estuda mais. Passas no exame. (*para*)
   _____.

6. Ele está doente. Ele não vai trabalhar. (*por*)
   _____.

7. Primeiro, leiam o livro. Depois, vejam o filme. (*antes de*)
   _____.

8. Temos de trabalhar muito. Então, somos promovidos. (*a fim de*)
   _____.

4. Encontre os pares de <u>sinónimos</u> e faça uma frase com o elemento da segunda coluna.

selecionar	marcar	
cuidar	reparar	
engomar	confirmar	
reservar	enviar	
entender	passar	
consertar	escolher	
mandar	tratar	
verificar	perceber	

5. Complete os espaços com os verbos conjugados no <u>P.P.S.</u> ou no <u>Pretérito Mais-que-Perfeito</u> Composto do Indicativo.

1. Quando ela _____ (entrar) na agência, eles já _____ (alugar) o carro que ela _____ (ver) no dia anterior.

2. Quando nós _____ (chegar) à estação, a tua irmã _____ (ver) que _____ (esquecer-se) dos bilhetes em casa.

3. Ontem, ela _____ (devolver) o DVD que _____ (trazer) anteontem do clube de vídeo.

4. Ele não _____ (poder) vestir a camisa azul, porque eu a _____ (pôr) dentro da máquina de lavar.

5. Tu já _____ (vir) a esta loja antes de mudar de dono?

6. Antes de tu chegares, eles já _____ (fazer) todos os bolos para a festa.

7. Eu não _____ (pagar) a conta da costureira porque a minha mãe já a _____ (pagar).

8. A empresa _____ (mandar) uma pessoa para limpar a casa depois da festa, mas eu já a _____ (limpar).

6. Junte cada uma das profissões listadas na coluna da esquerda com a definição adequada.

1. escritor		a. aquele que ensaia os atores de uma peça de teatro
2. fadista		b. aquele que dança por profissão
3. pintor		c. pessoa responsável pelos custos de um filme
4. poeta		d. aquele que representa um papel numa peça de teatro ou num filme
5. compositor		e. aquele que escreve poesia
6. realizador		f. pessoa que representa os atores
7. produtor		g. pessoa que escreve obras literárias ou científicas
8. maestro		h. aquele que exerce a arte de pintar
9. fotógrafo		i. pessoa que canta o fado
10. estilista		j. aquele que escreve uma obra musical
11. coreógrafo		k. pessoa que ganha a vida a tirar fotografias
12. encenador		l. pessoa responsável pela conceção de um bailado
13. escultor		m. desenhador de moda
14. agente		n. pessoa que dirige os atores num filme
15. bailarino		o. aquele que dirige uma orquestra
16. ator		p. artista plástico que faz esculturas

7. Responda às perguntas com o <u>verbo</u> e o <u>pronome pessoal de complemento</u>.

1. Viste <u>o filme de ontem</u>?
   _____.

2. Vocês compraram <u>os bilhetes</u>?
   _____.

3. Eles trouxeram <u>a bagagem</u>?
   _____.

4. O senhor fez <u>a reserva</u>?
   _____.

5. Apagaram <u>a televisão</u>?
   _____.

6. O canalizador deu-<u>te a conta</u>?
   _____.

Unidade de Revisão 1

7. Eles lavaram <u>a roupa</u>?
_____.

8. Os empregados informaram <u>os clientes</u>?
_____.

9. Vocês telefonaram <u>para a costureira</u>?
_____.

10. Eles aplaudiram <u>os atores</u>?
_____.

8. Escreva o contrário das seguintes palavras, juntando-lhes os <u>prefixos</u>: <u>im-</u>, <u>in-</u>, <u>ir-</u>, <u>i-</u>, <u>des-</u>.

ligar	
possível	
provável	
fazer	
regular	
legal	
feliz	
marcar	
aparecer	
responsável	

9. Complete as frases com as <u>preposições</u>, contraindo-as com o artigo quando necessário.

1. Quando cheguei _____ a escola, fui logo _____ a sala de aula.
2. Ele acabou _____ se apaixonar _____ a colega _____ quem tinha trabalhado _____ o último filme.
3. Como hoje saio mais cedo, vou aproveitar _____ fazer umas compras.
4. Posso contar _____ a tua irmã para o jantar?
5. Preciso _____ um professor de matemática _____ preparar o meu filho _____ o exame final.
6. As pessoas começaram _____ entrar _____ a sala do Teatro S. Carlos 15 minutos antes de o concerto começar.
7. Eu paguei 15 euros _____ o bilhete.
8. Eles vão comigo _____ o meu carro e depois voltam _____ autocarro.
9. Eles demoraram 5 horas _____ a viagem _____ Lisboa. Aposto que não vieram _____ a autoestrada.
10. _____ o final, a rapariga transformou-se _____ uma verdadeira princesa.

Será que vai chover?

- Compreender informações sobre o estado do tempo
- Falar sobre o estado do tempo e suas consequências
- Compreender o horóscopo
- Formular perguntas que expressam dúvida
- Fazer previsões para o futuro
- O estado do tempo
- Mapas com a previsão do estado do tempo
- Catástrofes naturais
- Horóscopo
- Previsões para o futuro
- Superstições
- **Futuro Imperfeito do Indicativo**
- *Será que...?*
- Palavras com **c**, **ç**, **s** ou **ss**?

Será que vai chover?

A. Será que vai chover?

1.

1. Ouça o diálogo e, antes de o ler, faça o exercício 2.

Ouvir e ler

Susana: Apetecia-me imenso passar o fim de semana fora. O que é que achas?
Rita: É uma boa ideia. Mas, já viste como está o céu? Está a ficar nublado. Será que vai chover?
Susana: Espera! Deixa-me ler aqui no jornal as previsões meteorológicas para o fim de semana.
Rita: O que dizem os nossos meteorologistas?
Susana: Ouve: "No sábado, o céu estará pouco nublado. No entanto, a partir de domingo, existirá a possibilidade de períodos de céu muito nublado e ocorrência de aguaceiros. Vento fraco e descida da temperatura."
Rita: Que chatice! Com chuva, aonde poderemos ir?
Susana: Vamos para um lugar com praia, mas com piscina interior. No caso de chover no domingo, ficamos na piscina.
Rita: Boa! Agora falta-nos escolher o lugar.

Compreensão do diálogo

2.

1. Quando as duas amigas estão a falar, o céu
   a. tem nuvens.
   b. está azul.
   c. está completamente cinzento.

2. No sábado,
   a. vai chover.
   b. o céu vai estar limpo.
   c. o tempo não vai estar mau.

3. No domingo,
   a. o tempo vai melhorar.
   b. é possível chover.
   c. o tempo vai estar igual ao de sábado.

4. No domingo,
   a. vai estar mais calor.
   b. vai estar mais frio.
   c. a temperatura não vai mudar.

5. A Rita
   a. não fica contente com as previsões.
   b. fica contente com as previsões.
   c. não acredita nas previsões.

6. Elas decidem ir para
   a. uma outra cidade.
   b. o campo.
   c. um lugar junto ao mar.

Unidade 4

2.

1. Complete as formas do verbo com as corretas terminações do *Futuro do Indicativo*.

falar

eu	falar _____	ás
tu	falar _____	emos
ele	falar _____	ão
nós	falar _____	ei
eles	falar _____	á

2. Os verbos *fazer*, *dizer* e *trazer* têm uma característica comum no *Futuro do Indicativo*. Preste atenção à sílaba que desaparece e conjugue os verbos.

fa**zer**

di**zer**

tra**zer**

3. Leia as 10 promessas que um político poderá fazer antes das eleições. Substitua as Perifrásticas de Futuro pelo *Futuro do Indicativo*. Em seguida, diga quais as que considera populares e impopulares.

1. – **Vou baixar** os impostos.

   – _____.

2. – **Vai haver** mais escolas.

   – _____.

3. – O preço da gasolina **vai aumentar**.

   – _____.

4. – **Vamos construir** mais dois hospitais.

   – _____.

Gramática: Futuro do Indicativo

Substituir Perifrástica de Futuro por Futuro do Indicativo

Será que vai chover?

5. – As famílias com mais de dois filhos **vão ter** uma maior ajuda do Governo.
– _____.

6. – **Vamos diminuir** o número de polícias nas ruas.
– _____.

7. – Os portugueses **vão trabalhar** mais cinco horas por semana.
– _____.

8. – Os reformados **vão receber** melhores pensões.
– _____.

9. – **Vamos ter** mais espaços verdes nas cidades.
– _____.

10. – Os transportes públicos **vão ser** bastante mais caros.
– _____.

4. Siga o exemplo e utilize a forma do <u>Futuro</u> do verbo *ser* para introduzir uma dúvida.

> Achas que vai chover?
> **Será que** vai chover?

1. – Achas que ele gostou da viagem?
– _____.

2. – Achas que eles já viram este filme?
– _____.

3. – Acha que eles já fizeram planos para o fim de semana?
– _____.

4. – Acham que o tempo vai melhorar?
– _____.

5. - Achas que vai haver trovoada?
– _____.

6. – Achas que ele já leu o boletim meteorológico?
– _____.

7. – Acha que eles estão na praia com este tempo?
– _____.

8. – Achas que este calor vai continuar?
– _____.

Futuro para introduzir uma dúvida

3.

1. Observe os mapas e leia as previsões meteorológicas para Portugal continental. Repare nas explicações dos símbolos.

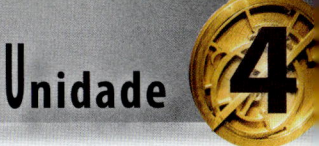

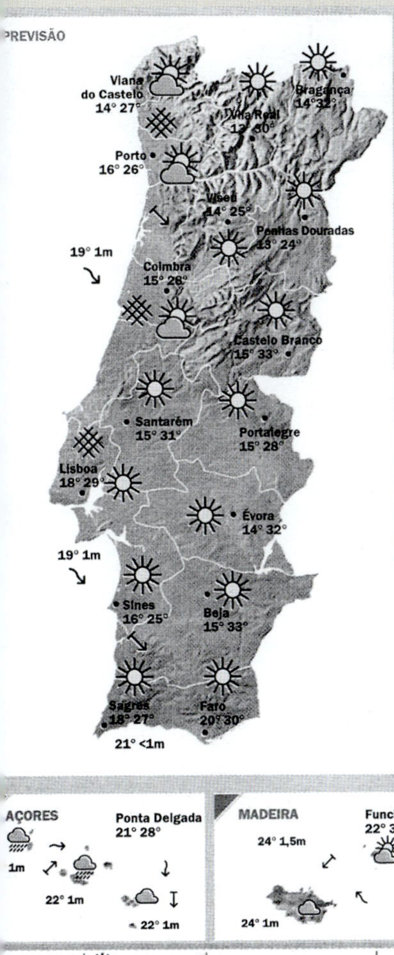

Céu limpo e vento em geral fraco

Para hoje, no território do **Continente**, o céu continuará, hoje e amanhã, pouco nublado ou limpo, após a nebulosidade matinal típica de verão, especialmente no litoral a norte do Cabo da Roca. O vento soprará de noroeste, em geral fraco, sendo moderado no litoral oeste para a tarde, podendo, na quarta-feira, soprar um pouco mais forte no litoral oeste, a sul de Sines.

Na **Madeira**, prevê-se períodos de céu muito nublado, e pouco nublado no Funchal, e o vento será em geral fraco.

Para o arquipélago dos **Açores**, prevê-se algumas abertas durante a manhã, especialmente no Grupo Oriental, e de tarde nos Grupos Central e Oriental. O vento soprará em geral fraco de sudoeste no Grupo Ocidental e de sul nos outros dois grupos. Prevê-se ainda precipitação fraca, em especial para os Grupos Ocidental e Central.

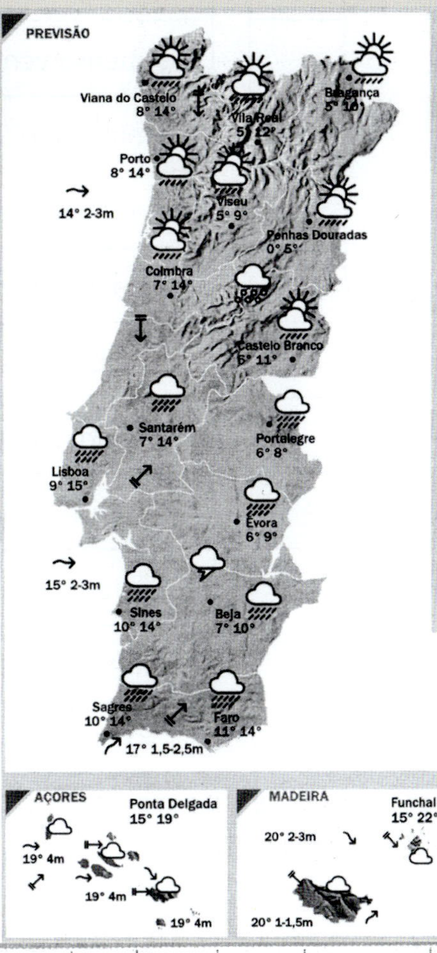

Continuação de aguaceiros

No **Continente** prevê-se céu muito nublado, diminuindo gradualmente de nebulosidade, e vento a soprar de sudoeste moderado, rodando para norte a partir da manhã, e soprando forte no litoral das regiões do Sul. Aguaceiros, diminuindo de frequência a partir da tarde. Queda de neve na serra da Estrela até ao final da manhã. Condições favoráveis à ocorrência de trovoadas e descida da temperatura máxima nas regiões do Sul.

Para a **Madeira** prevê-se períodos de céu muito nublado e o vento soprará de noroeste moderado a forte, sendo fraco no Funchal. Aguaceiros fracos nas vertentes norte.

No Arquipélago dos **Açores**, para os Grupos Ocidental, Central e Oriental, espera-se períodos de céu muito nublado e aguaceiros fracos no Grupo Ocidental. O vento será do quadrante oeste moderado, rodando para sudoeste e tornando-se moderado a forte.

Céu limpo | Pouco nublado | Per. de muito nublado | Nublado | Aguaceiros | Chuva | Trovoada | Neve | Nevoeiro | Ondulação | Vento moderado | Forte

Ler e compreender a previsão meteorológica

2. Quais são as maiores diferenças entre as duas previsões?

3. Com que época do ano é que acha que elas se poderão relacionar?

4. Faça a descrição do tempo do dia de hoje.

5. Faça a previsão meteorológica para o dia de amanhã. Não se esqueça de usar o *Futuro do Indicativo*.

Falar

Será que vai chover?

6. Pense no tempo que normalmente faz na sua região e assinale as afirmações que considera <u>verdadeiras</u>. Corrija as <u>falsas</u>.

	O inverno é frio de mais.
	Há imenso vento durante todo o ano.
	Na minha região há muitas trovoadas.
	No verão há demasiado calor.
	Nunca há neve no inverno.
	Chove bastante.
	No verão nunca chove.
	Temos muitos dias com nevoeiro.
	No verão o céu está sempre azul.
	O tempo é bastante instável.

7. Tente descrever o tempo no seu país nas várias estações do ano. Utilize o vocabulário apropriado.

4. Relacione as expressões da coluna da esquerda com as explicações que se encontram à direita.

1. céu limpo
2. nevoeiro
3. aguaceiros
4. descida de temperatura
5. trovoada
6. céu muito nublado
7. abertas
8. céu pouco nublado
9. subida de temperatura

a. com muitas nuvens
b. períodos de chuva
c. com poucas nuvens
d. sem nuvens
e. períodos de céu com poucas nuvens
f. mais calor
g. mais frio
h. chuva, relâmpagos e trovões
i. nuvens baixas que dificultam a visibilidade

Unidade 4

5. Olhe de novo para os mapas e decida quais dos objetos e peças de vestuário é que são adequados para cada uma das previsões meteorológicas.

- gorro
- fato de banho
- cachecol
- casaco de lã
- protetor solar
- ventoinha
- sandálias
- ar condicionado
- aquecimento
- gabardina
- chapéu de chuva
- luvas
- óculos de sol

6. Leia os seguintes títulos de jornal. Em que época do ano acha que cada situação ocorreu?

- Tufão causa 58 mortos e milhares de evacuados
- Vêm aí mais sete anos com vagas de calor
- Chuvas torrenciais causam inundações
- Barco de pesca naufraga devido a tempestade
- Incêndios sem controlo devido a calor excessivo
- Trovoada provoca corte de energia
- Terramoto causa mais de 100 mortos

7.

1. Olhe para as fotografias e relacione cada uma com um dos títulos que leu no exercício anterior.

Será que vai chover?

2. O seu país já foi ou é frequentemente afetado por alguma destas situações? O que fazem nesse caso?

3. Abrimos os jornais e podemos ler títulos como:

> MAIOR VAGA DE CALOR DOS ÚLTIMOS ANOS

> CHUVAS TORRENCIAIS E INUNDAÇÕES EM PLENO VERÃO

> SOL CADA VEZ MAIS PERIGOSO

> ALTERAÇÕES CLIMATÉRICAS OBRIGAM A PRECAUÇÕES

Acha que o clima está a mudar nos últimos anos?
Quais pensa que são as causas?
Que precauções temos de ter?

B. Previsão do futuro

1.

1. Costuma ler o seu horóscopo? Acredita em Astrologia? Porquê?

Falar: astrologia

Horóscopo
por Paulo Cardoso

 **Carneiro** 21/03 a 20/04
Estão em evidência a energia física, a saúde, a impetuosidade, o desejo de luta, a apetência para vencer.

 Caranguejo 22/06 a 22/07
Maior sensibilidade às influências dos ambientes onde se insere. Pode haver tendência para o sobrenatural.

 Balança 23/09 a 23/10
Aquilo que possui representa, para si, mais que um simples objeto, já que tem associado um passado.

 Capricórnio 21/12 a 19/01
Período de autocontrolo. Poderá ver-se a relembrar histórias antigas e sentir vontade de visitar velhos amigos.

 Touro 21/04 a 20/05
Invista na sua aparência. A relação com pessoas de Leão ou Sagitário poderá ser muito positiva em termos de trabalho.

 Leão 23/07 a 22/08
Espírito de iniciativa, força e vontade firme acentuados. Momento propício a obter uma vitória.

 Escorpião 24/10 a 21/11
Irá dedicar mais tempo à vida afetiva e organizar melhor todos os aspetos práticos. É tempo para agir e não para refletir.

 Aquário 20/01 a 19/02
Reorganize o lar, deite fora o que não precisa, largue o que morreu no passado e disponibilize-se para o futuro.

 **Gémeos** 21/05 a 21/06
É possível um ressentimento em relação a alguém, resultado de uma tendência para a repressão de sentimentos.

 Virgem 23/08 a 22/09
Do ponto de vista familiar, é aconselhável proceder a redistribuições do espaço doméstico e sua devida organização.

 Sagitário 22/11 a 20/12
Perfeita sintonia nas relações familiares e afins. Sentirá de uma forma mais clara as necessidades alheias.

Peixes 20/02 a 19/03
Verificará que nem sempre é possível compreender de imediato o significado de tudo o que se passa em seu redor.

2. Leia o seu horóscopo e diga aos seus colegas qual é a previsão. Eles terão de adivinhar o seu signo.

3. Quais os signos que têm uma previsão mais positiva?

4. Qual é o horóscopo que considera mais negativo?

Unidade 4

2. Estas são algumas das características que normalmente estão relacionadas com cada um dos signos do Zodíaco. Leia as do seu signo e diga se concorda.

CARNEIRO:
individualista
crítico
otimista
espontâneo
impulsivo
ambicioso
agressivo
generoso
intolerante
sentimental

TOURO:
forte
egoísta
lutador
reflexivo
sensual
sentimental
ciumento
fiel
criativo
desportivo

GÉMEOS:
espontâneo
ativo
sociável
comunicativo
emotivo
impulsivo
criativo
trabalhador
alegre
instável

CARANGUEJO:
persistente
tímido
introvertido
inquieto
imprevisível
ciumento
possessivo
hospitaleiro
a família está em 1º lugar

LEÃO:
alegre
ativo
generoso
vaidoso
sentimental
extrovertido
emotivo
pouco afetivo
prático
ambicioso

VIRGEM:
racional
pouco sociável
pouco descontraído
introspetivo
egoísta
sensível
reflexivo
pouco sentimental
fiel
ciumento
cético
gastador

BALANÇA:
criativo
alegre
maduro
sociável
comunicativo
pacifista
emotivo
intuitivo
modesto
despretensioso
generoso

ESCORPIÃO:
enérgico
agressivo
determinado
rebelde
individualista
espontâneo
sentimental
crítico
dominador
autoritário
independente

SAGITÁRIO:
responsável
tolerante
generoso
aberto
sociável
leal
racional
prudente

CAPRICÓRNIO:
calmo
pouco falador
introspetivo
sincero
afetivo
fiel
ambicioso

AQUÁRIO:
simples
reflexivo
generoso
alegre
autocrítico
sensível
trabalhador
criativo
ambicioso
idealista

PEIXES:
sincero
bondoso
indeciso
otimista
idealista
ponderado
bom amigo
inconstante
inseguro

Vocabulário

Será que vai chover?

Falar: previsão do futuro

3. Acredita em algum destes modos de prever o futuro? Já alguma vez recorreu a algum meio de previsão do futuro? Gostava de saber como vai ser o seu futuro?

Falar

4. Leia as seguintes previsões para o futuro do nosso planeta e diga se concorda com elas.

O Futuro do nosso Mundo

No futuro:
- Haverá muito mais idosos do que crianças.
- Muitas espécies animais estarão extintas.
- Haverá um aumento da população mundial.
- Surgirão novas doenças.
- Descobrirão a cura para muitas doenças atuais.
- Haverá problemas ambientais graves.
- Mais de metade da população mundial viverá nas cidades.
- As pessoas terão muito mais cuidado com o ambiente.
- O clima estará mais instável.
- Qualquer pessoa poderá viajar para outro planeta.

Falar: superstições

5. É supersticioso? Conhece muitas superstições? Quais são as mais comuns no seu país? Acredita em alguma superstição?

Unidade 4

Compreensão oral

 6. Ouça a previsão do tempo que vai fazer amanhã e, em seguida, responda às questões.

1. Amanhã vai chover?
2. Qual vai ser a temperatura máxima em Lisboa?
3. Onde é que o céu vai estar mais nublado?
4. A temperatura vai descer ou subir?
5. Como poderá estar o tempo de manhã no litoral?

C. Sons e Ortografia: c, ç, s ou ss?

 O mesmo som pode aparecer com diferentes grafias. Complete as palavras com a consoante correta: c, ç, s ou ss. Em seguida, ouça as palavras e repita-as.

atrave____ar	____ereais	descal____ar
a____úcar	pen____o	cansa____o
____ena	re____eção	exce____o
a____ar	cur____o	____ono
can____ado	terra____o	excur____ão
____erra	te____ido	homi____ídio
pe____a	in____ultar	dan____a
an____ioso	discu____ão	so____egado

63

Apêndice Gramatical

1 Futuro do Indicativo

Futuro Imperfeito do Indicativo	
Infinitivo	
eu	**-ei**
tu	**-ás**
você, ela, ele	**-á**
nós	**-emos**
vocês, elas, eles	**-ão**

	fazer	**dizer**	**trazer**
eu	farei	direi	trarei
tu	farás	dirás	trarás
você, ela, ele	fará	dirá	trará
nós	faremos	diremos	traremos
vocês, elas, eles	farão	dirão	trarão

O ***Futuro do Indicativo*** usa-se:

1. Para falar de **situações no futuro**, quando se quer utilizar uma linguagem mais formal; fazer previsões; em Literatura, etc. Na linguagem do dia a dia, este tempo é substituído pela forma perifrástica: ***ir + Infinitivo***.

   Exemplos Na próxima semana, o tempo **estará** melhor.
   Na próxima semana, o tempo **vai estar** melhor.

2. Para expressar uma dúvida. Utiliza-se o verbo introdutório **ser** conjugado na ***3ª pessoa do singular do Futuro do Indicativo***, enquanto o verbo principal se conjuga no tempo verbal adequado ao momento a que se refere a ação.

   Exemplos **Será** que ela já **saiu** da aula de aeróbica?
   Será que eles **vão gostar** do jantar?

Deverias comer uma salada.

- Compreender ementas
- Dar opinião e defendê-la
- Argumentar
- Aconselhar
- Compreender e analisar informação de gráficos
- Compreender artigos de imprensa escrita relacionados com os temas
- Reproduzir o que alguém disse
- Comparar a situação em Portugal com a do seu país
- No restaurante
- Alimentação equilibrada e saúde
- Roda dos alimentos e Pirâmide alimentar
- Comida vegetariana
- Hábitos sociais prejudiciais para a saúde: o tabaco e o álcool
- **Condicional**
- Imperfeito do Indicativo/Condicional
- **Discurso Indireto**
- Palavras com **ch** ou **x**?

Deverias comer uma salada.

A. Deverias comer uma salada.

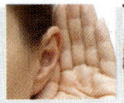

1.

1. Leia a lista do restaurante e ouça o diálogo.

No Restaurante

Rita: O que é que vais comer?
Miguel: Acho que vou pedir uma dose de cozido à portuguesa. Olha, aqui têm umas sobremesas fantásticas! Nem sei o que hei de escolher a seguir.
Rita: Tu não tens problemas de hipertensão e diabetes?!
Miguel: Oh! Tenho! Não me vais chatear com isso ao almoço, pois não?
Rita: Olha, o que eu acho é que deverias comer um bife ou uma dourada grelhada com uma salada e, como sobremesa, uma salada de frutas seria melhor do que esses doces em que estás a pensar.
Miguel: Os comprimidos que eu tomo são suficientes para controlar esses problemas de saúde. À refeição temos que comer bem!
Rita: Comer bem não significa comer o que nos faz mal à saúde, Miguel. Eu raramente como carne e doces e acho que como bem, pelo menos em relação à qualidade.

Ementa

Entradas:
- Sopa de legumes
- Sopa de espinafres

Carne:
- Cozido à portuguesa
- Perna de porco no forno com batatas assadas
- Bife grelhado

Peixe:
- Bacalhau com natas
- Filetes com arroz de feijão
- Dourada grelhada

Saladas:
- Salada mista
- Salada de frango
- Salada vegetariana

Sobremesas:
- Bolo de natas da Avó
- Tarte de amêndoa
- Salada de frutas
- Fruta da época

2. Antes de ler o diálogo, responda às seguintes perguntas:

1. O que é que o Miguel quer comer?

2. Porque é que a Rita não concorda com o que o amigo escolheu?

3. O que é que a Rita acha que o Miguel deveria comer?

4. Porque é que o Miguel pensa que a Rita não tem razão?

5. Como é, normalmente, a alimentação da Rita?

Unidade 5

3. Leia o diálogo.

4. Quem é que, na sua opinião, tem razão?

2. Imagine que vai ao mesmo restaurante. O que escolheria para comer? Simule um diálogo com um colega.

3.
1. Concorda com esta afirmação? De que modo é que a alimentação pode afetar a nossa saúde? Refira algumas das doenças que podem ser causadas ou agravadas por uma alimentação incorreta.

saber comer é saber viver

2. Para muitos portugueses, "comer bem" significa comer muito. Esta imagem, denominada Roda dos Alimentos, pode ajudar a melhorar o tipo de alimentação. Os alimentos estão agrupados em cinco sectores de tamanhos diferentes, que dependem da importância atribuída a cada um. No entanto, todos eles são necessários para uma alimentação equilibrada. Indique os sectores que mais nos fornecem:

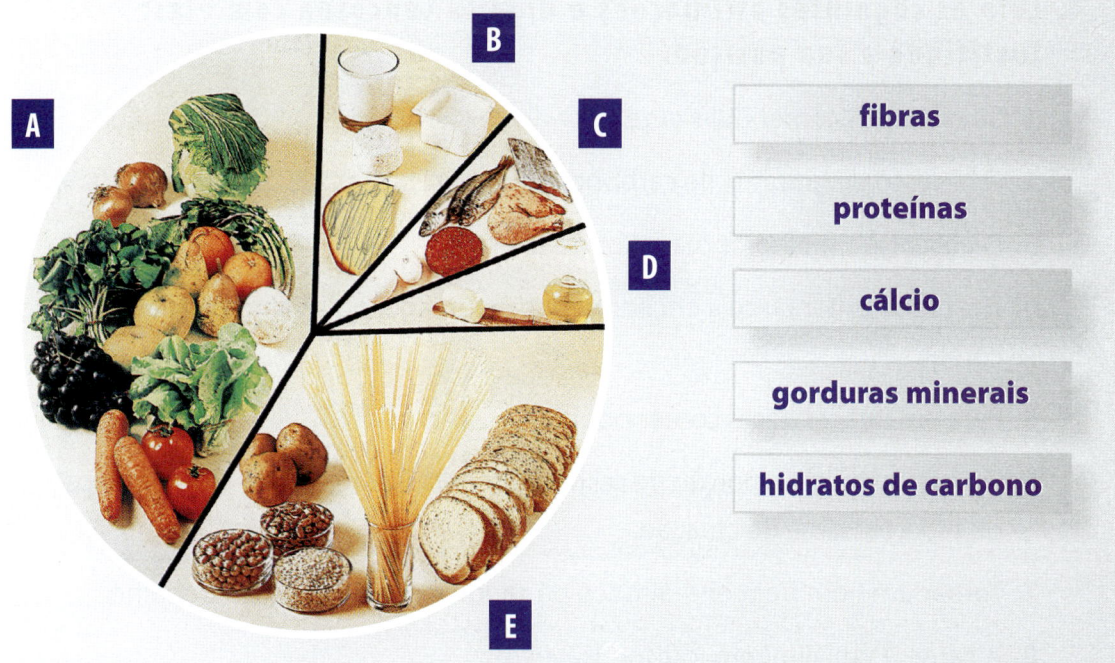

fibras

proteínas

cálcio

gorduras minerais

hidratos de carbono

67

Deverias comer uma salada.

Oralidade

3. Você preocupa-se em ter uma alimentação equilibrada? Esta imagem representa o seu tipo de alimentação?

Comparar imagens; falar

4. Compare a *Roda dos Alimentos* com a nova *Pirâmide Alimentar* proposta por dois nutricionistas americanos e refira as maiores diferenças.

Falar: dar opinião e defendê-la

4. Leia as seguintes afirmações e diga se concorda com elas. Justifique a sua posição.

1. Só devemos comer duas vezes por dia.
2. O excesso de hidratos de carbono ou de gorduras pode causar obesidade.
3. O açúcar é o melhor fornecedor de energia.
4. Devemos jantar tarde e encher bem o estômago, pois vamos estar muitas horas sem comer.
5. Para emagrecer basta comer pouco.
6. Devemos reduzir a porção de sal nos alimentos, para evitar ou diminuir os problemas de hipertensão e de coração.
7. Tomar um bom pequeno-almoço dá saúde e rendimento no trabalho.
8. A carne é um alimento indispensável.

Unidade 5

5.

1. Leia o seguinte artigo.

Porque (não) somos vegetarianos?

Comer é um ato de prazer. É uma condição para nos mantermos vivos e saudáveis. É também um sinal dos tempos, uma forma de estar e socializar. Deixar de comer carne é, cada vez para mais pessoas, uma opção inteligente e sensata. Não concorda? Então reveja os seus argumentos...

Já reparou que há cada vez mais restaurantes vegetarianos, lojas de produtos naturais e secções destinadas a estes alimentos nos supermercados, hipermercados e feiras de alimentação? Têm rótulos sugestivos de "natural", "sem açúcar", "sem lactose", "sem colesterol", "menos gordura", "menos calorias", e são muitos os que os procuram para perder aqueles quilinhos a mais ou para controlar o colesterol...

Mas, a par dos consumidores "sazonais", encontram-se vegetarianos convictos, movidos pela crescente sensibilização para as questões éticas e ecológicas e pela noção de que a dieta vegetariana é mais saudável. Entre os vegetarianos distinguem-se dois grandes grupos: os que consomem ovos e lacticínios e os mais radicais (os vegetarianos puros ou vegans, que excluem todos os produtos de origem animal da alimentação, e também do vestuário, recusando-se a usar lãs, sedas e todo o tipo de peles, por considerarem que o ser humano não tem o direito de usar os animais).

Muitos vegetarianos "queixam-se" de que são olhados com estranheza e suspeição, de que as pessoas não estão informadas, incluindo muitos profissionais de saúde e da área alimentar. A pressão para o consumo de carne e de produtos de origem animal é muito grande em Portugal.

No entanto, até há cinquenta anos, poucas pessoas consumiam regularmente carne. Comia-se mais feijão, grão, vegetais, pão escuro... e, de vez em quando, peixe. A carne está associada a uma imagem de abundância, poder e força.

Os vegetarianos não comem só "ervas", nem têm obrigatoriamente pratos estranhos, com nomes esquisitos e difíceis de confecionar. A cozinha vegetariana é mais fácil do que se pensa e muito mais diversificada e saborosa do que se imagina. Vale a pena experimentar!

in Notícias Magazine

2. Já experimentou algum prato vegetariano?

3. Está escrito no texto que ser vegetariano em Portugal não é fácil, pois ainda se é considerado como uma pessoa estranha. Como é no seu país? Ser vegetariano é comum? Há muitos restaurantes para essas pessoas? Tem algum amigo vegetariano?

4. Conhece alguma receita de um prato vegetariano saboroso? Explique como o prepara.

Deverias comer uma salada.

Gramática: Condicional

6.

1. Coloque as terminações do *Condicional* no lugar correto.

falar

eu	– falar_____	*íamos*
tu	– falar_____	
você		*ia*
ela	– falar_____	
ele		*ias*
nós	– falar_____	
vocês		*iam*
elas	– falar_____	
eles		*ia*

2. Preste atenção aos verbos *fazer*, *dizer* e *trazer* e conjugue-os no *Condicional*.

fa**zer**

di**zer**

tra**zer**

Gramática: substituir Imperfeito por Condicional

3. Substitua as formas verbais no *Imperfeito* pelo *Condicional*.

1. Eu **gostava** imenso de provar comida vegetariana.
   _____.

2. **Podia** trazer-me mais uma dose de arroz branco, por favor?
   _____.

3. Se queres emagrecer, **devias** comer menos doces.
   _____.

4. Todos nós **devíamos** comer mais legumes.
   _____.

5. **Gostava** de saber se **era** possível marcar uma consulta para amanhã?
   _____.

6. Nós **íamos** convosco no fim de semana com muito prazer, mas temos o casamento de um amigo no sábado.
   _____.

7. É pena ela estar a fazer dieta, pois **podíamos** fazer um pudim de ovos para a sobremesa.
   _____.

8. Se o senhor não se sente bem, **devia** ir ao médico e fazer umas análises.
   _____.

Unidade 5

7.

1. Repare nos seguintes exemplos.

– *Amanhã queres ir jantar a um restaurante tibetano?*

– **O que é que ela disse?**
– Ela perguntou se **no dia seguinte** eu **queria** ir jantar a um restaurante tibetano.

– *Ontem comi tofu pela primeira vez.*

– **O que é que ela disse?**
– Ela disse que **no dia anterior tinha comido** tofu pela primeira vez.

– *Na próxima semana farei uma dieta rigorosa.*

– **O que é que ela disse?**
– Ela disse que **na semana seguinte faria** uma dieta rigorosa.

Gramática: discurso indireto

2. Passe as seguintes frases para o discurso indireto

O que é que ela disse?

1. – O que vais fazer para o jantar?
   – Ela perguntou _____.

2. – As gorduras fazem mal à saúde.
   – _____.

3. – Eles trarão os ingredientes.
   – _____.

4. – Já provaram comida biológica?
   – _____.

5. – Eu venho a este restaurante todos os dias.
   – _____.

Gramática: passar frases para o discurso indireto

Deverias comer uma salada.

6. – Ele põe a mesa, enquanto eu aqueço a sopa.
– _____ .

7. – Na semana passada eu vim a este supermercado com um amigo.
– _____ .

8. – Nunca comi uma sobremesa tão deliciosa como esta.
– _____ .

B. Hábitos que prejudicam a saúde

1.

1. Leia o seguinte artigo de jornal sobre o consumo de tabaco em Portugal.

**NOVA LEI DO TABACO.
A FAVOR OU CONTRA?**

A nova lei do tabaco em Portugal, que entrou em vigor no dia 1 de janeiro de 2008, limita o fumo em locais públicos fechados e estabelece coimas que podem ir até aos 250 mil euros para os incumpridores. Locais de trabalho, locais de atendimento direto ao público, estabelecimentos onde são prestados cuidados de saúde, áreas de serviço, escolas e universidades, postos de abastecimento de combustíveis, parques de estacionamento cobertos e centros comerciais são alguns dos locais interditos. A proibição abrange ainda os transportes públicos e estabelecimentos de restauração ou de bebidas, incluindo os que possuem salas ou espaços destinados a dança.
Muitas pessoas têm criticado a nova lei, enquanto outras defendem uma medida que consideram que visa o bem-estar geral. Algumas opiniões contrárias têm surgido em *blogs*.
Retirámos algumas:

CONTRA A nova lei do tabaco é extremamente penalizadora tanto para fumadores como para os proprietários de restaurantes, cafés, bares e discotecas. É bom para a saúde, mas não me parece que faça com que as pessoas deixem de fumar, mas sim com que deixem de frequentar os cafés e discotecas, entre outros locais. Considero a nova lei prejudicial ao comércio, tendo em conta que, em bares, discotecas e cafés, a maioria dos clientes é fumador. Acho que é uma lei discriminatória.

A FAVOR O cheiro do tabaco incomoda-me e nunca gostei de estar a almoçar ou a jantar e ter de suportar o fumo dos outros. Acho uma ótima prova de democracia e de respeito por todos. Parece-me necessária e adequada esta lei porque a grande maioria dos fumadores não se apercebe de que o fumo realmente incomoda e faz mal. Esta lei protege os não-fumadores, mas também acho que, com o tempo, haverá menos fumadores.

Unidade 5

2. É difícil mudar, de repente, os hábitos de uma população. Qual é a sua opinião sobre esta lei? Acha que com esta lei o número de fumadores diminui?

3. Como são as regras em relação ao fumador no seu país? Existem muitas restrições?

2.

É PROIBIDA A VENDA DE BEBIDAS ALCOÓLICAS A MENORES DE 16 ANOS.

O consumo do álcool é também um hábito social que, em excesso, pode ter consequências negativas para a família e para a sociedade. No seu país existe um grande controlo do consumo do álcool ou este é um problema?

3. Acha que o ritmo de vida de hoje em dia é, em parte, causador destes dois hábitos, que, em excesso, prejudicam gravemente a saúde? Que situações podem incentivar o consumo do álcool e do tabaco? Estes são alguns exemplos...

excesso de trabalho	stress
problemas familiares	mudança de emprego
problemas de saúde	mudança de casa
reuniões de trabalho	encontros sociais
divórcio	jantares com amigos

 # Deverias comer uma salada.

 4. Ouça o diálogo e responda às perguntas.

Compreensão oral

1. Como se chama o restaurante?
2. Para quantas pessoas e para que horas é que o cliente quer reservar uma mesa?
3. Para que horas é possível fazer a reserva da mesa?
4. Em que zona do restaurante é que fica a mesa?
5. Porque é que o cliente aceita essa área?

C. Sons e Ortografia: ch ou x?

 Complete as palavras com *ch* ou *x*.
Em seguida, ouça-as e repita-as.

____ave	____impanzé
bru____a	salsi____a
li____a	me____er
____ávena	____eque
cai____a	lu____o
____ocolate	quei____o
pu____ar	fe____o
pai____ão	cai____ote

Apêndice Gramatical — Unidade 5

1 Condicional

Condicional	
Infinitivo	
eu	**-ia**
tu	**-ias**
você, ela, ele	**-ia**
nós	**-íamos**
vocês, elas, eles	**-iam**

	fazer	**dizer**	**trazer**
eu	faria	diria	traria
tu	farias	dirias	trarias
você, ela, ele	faria	diria	traria
nós	faríamos	diríamos	traríamos
vocês, elas, eles	fariam	diriam	trariam

Usa-se o **Condicional** para:

1. Falar de ações pouco prováveis de acontecerem porque dependem de uma condição que não se realiza.

   Exemplo   Eu *iria* contigo à festa, mas... tenho um jantar de família nessa noite.

2. Expressar desejos.

   Exemplo   *Gostaria* imenso de poder ir ao Brasil convosco.

3. Forma de cortesia para formular pedidos.

   Exemplo   *Poderia* trazer-me um copo com água, por favor?

   Nota: Em todos estes casos o **Condicional** pode ser substituído pelo **Pretérito Imperfeito do Indicativo**.

Apêndice Gramatical

2 Discurso direto e indireto

		Discurso direto	Discurso indireto
Tempos verbais		Presente	Imperfeito
		Pretérito perfeito simples	Pretérito mais-que-perfeito composto
		Futuro	Condicional
Advérbios/ expressões de	**lugar**	aqui	ali
		cá	lá
	tempo	ontem	no dia anterior
		hoje	nesse dia / naquele dia
		amanhã	no dia seguinte
		na próxima semana	na semana seguinte

Exemplos

– *"Queres ir a um restaurante vegetariano amanhã à noite?"*
Ele perguntou-lhe se ela **queria** ir a um restaurante vegetariano **no dia seguinte** à noite.

– *"Ontem fui a uma consulta de homeopatia."*
Ela disse que **no dia anterior tinha ido** a uma consulta de homeopatia.

– *"Será melhor o senhor fazer uma dieta rigorosa."*
O médico disse-lhe que **seria** melhor ele fazer uma dieta rigorosa.

Tenho tido imenso trabalho.

- Falar de acontecimentos que começaram no passado e continuam até ao presente
- Expressar opinião sobre *stress*
- Aconselhar
- Responder a teste para saber nível de *stress*
- Compreender artigos da imprensa escrita relacionados com o tema
- Analisar mapa com resultado de aulas em ginásio
- Causas e consequências do *stress*
- Teste ao nível de stress
- Formas de ultrapassar o *stress*
- O desporto e a saúde
- Modalidades desportivas
- Desportos radicais
- Mapa com resultados de diferentes aulas num ginásio
- ***Pretérito Perfeito Composto do Indicativo***
- Palavras com *s* ou *z*?

Tenho tido imenso trabalho.

A. Tenho tido imenso trabalho.

Ouvir e ler

1. Ouça e leia o diálogo.

João: Boa tarde, Paulo!
Paulo: Ah, João! Já há muito tempo que não o via! Como tem passado?
João: Não tenho andado muito bem!
Paulo: De facto, não está com muito boa cara!
João: Tenho tido imenso trabalho. Estamos a trabalhar num projeto importantíssimo que me tem ocupado o tempo todo. Tenho saído do escritório todos os dias pelas onze horas da noite. Nem tenho tido tempo para comer uma refeição normal. E quando me deito, continuo a pensar no projeto. Não consigo dormir nada.
Paulo: Mas, pelo menos tem descansado ao fim de semana, não?
João: Esse é outro problema! Ao fim de semana também tenho ido para o escritório. Não tenho tido tempo nenhum, nem para mim, nem para a família. E já sabe como é: uma pessoa anda cansada, nervosa e não tem paciência para nada. Tudo me irrita: o trânsito, os barulhos, tudo...
Paulo: E férias? Pelo menos teve férias?
João: Férias?! Uma semana e, mesmo assim, passaram o tempo a telefonar-me. Até este projeto terminar não vou conseguir relaxar.
Paulo: Isso é demasiado *stress*! Tenha cuidado, João! Veja lá se consegue mudar esse ritmo de trabalho.

Falar: compreensão do diálogo

2. Responda às seguintes perguntas sobre o diálogo.

1. Acha que o João está a viver um período com muito *stress*, ou pensa que o ritmo de trabalho que ele tem é perfeitamente normal?
2. Refira quais as situações que estão a contribuir para o seu estado de cansaço.
3. Quais são as consequências que esse excesso de trabalho estão a ter no João?
4. Imagine que é amigo do João. Que conselhos lhe poderia dar, de forma a melhorar o seu presente estado?

Unidade 6

2. Cada pessoa reage de forma diferente ao *stress*. Há situações que são angustiantes para uns e que para outros são suportáveis. O nível de capacidade para suportar o *stress* é algo de pessoal e pode variar ao longo da vida. Da lista de situações que podem provocar *stress* numa pessoa, selecione as que considera mais relevantes. Pode referir outras que, para si, são importantes e que não se encontram listadas. Justifique as suas escolhas.

Como nasce o *stress*

Fatores físicos *stressantes*
- Ruído
- Temperaturas extremas
- Horários noturnos
- Más posturas
- Esforços físicos extra
- Doença grave

Fatores psíquicos e emocionais
- Mudanças e obras em casa
- Problemas familiares, separações e divórcios
- Problemas profissionais com colegas e com os chefes
- Excesso de trabalho
- Trabalhos monótonos e falta de motivação
- Desemprego
- Morte ou doença grave de um familiar
- Competitividade no desporto
- Competição com colegas de trabalho

3. Leia as seguintes afirmações relacionadas com o *stress* e diga se concorda com elas. Discuta as suas razões com os colegas.

1. O *stress* faz parte do nosso dia a dia.
2. Cada pessoa reage de forma diferente à mesma situação.
3. Sem *stress* a vida é muito monótona.
4. O *stress* pode dar motivação a uma pessoa para atingir o seus objetivos.
5. Quando nos sentimos afetados pelo *stress*, não devemos falar sobre esse assunto com os outros, mas tentar controlar a situação, mostrando que estamos perfeitamente calmos.
6. Toda a gente pode aprender a controlar a sua reação ao *stress*.
7. Fazer exercício físico, quando temos muito trabalho e *stress*, não é aconselhável.
8. Todas as profissões têm o mesmo nível de *stress*.
9. Em situações de *stress* e cansaço, muitas pessoas têm a tendência para recorrer a hábitos pouco saudáveis: beber muito café, comer de mais, fumar mais, beber bebidas alcoólicas.
10. Quando se tem dificuldade em adormecer, deve-se beber uma bebida alcoólica antes de ir para a cama.

Tenho tido imenso trabalho.

Falar: stress

4. E você? Já alguma vez se encontrou numa situação de muito *stress*? Qual foi a situação? O que sentiu? O que fez para a ultrapassar?

Responder a teste

5.

1. Neste momento, acha que está a ser vítima de *stress*? Saiba a resposta, depois de fazer o seguinte teste.

Teste o seu nível de *stress*.
Pense como viveu o último ano e responda a estas perguntas com sinceridade.

| **Ultimamente, os amigos consideram-no uma pessoa:**
a. Serena
b. Ativa
c. Nervosa

Quando come, costuma fazê-lo:
a. Normalmente
b. Come qualquer coisa
c. Come muito depressa

Na hora de dormir:
a. Dorme sem problemas
b. Custa-lhe a adormecer
c. Tem pesadelos e desperta a meio da noite | **Nos engarrafamentos:**
a. Escolhe um programa divertido na rádio
b. Lamenta-se por não ter escolhido outra alternativa
c. Usa a buzina e tenta adiantar-se pela faixa de segurança

Quando sai com os amigos:
a. Relaxa e desfruta a noite
b. Quer ter tudo controlado, reserva o restaurante e avisa todos para não se atrasarem
c. Chega em último porque ficou a trabalhar e não para de falar nos seus problemas | **Perante um problema inesperado:**
a. Tenta encontrar uma solução
b. No início irrita-se, mas consegue acalmar-se e pensar numa solução
c. Entra em pânico e irrita-se imediatamente

Quando lê livros ou revistas:
a. Lê tranquilamente, aproveitando o seu tempo livre
b. Folheia rapidamente e lê os artigos mais úteis para estar informado
c. Não tem tempo para ler |

Unidade 6

Como pontuar o seu teste? Conte 2 pontos por cada resposta *a.* e 1 por cada resposta *b.* As *c.* não valem pontos.		
De 10 a 14 pontos:	**De 5 a 9 pontos:**	**De 0 a 4 pontos:**
É uma pessoa tranquila que não se deixa perturbar por situações de *stress*.	Pensa demasiado nos problemas e isso impede-o de relaxar. Respire fundo e goze a vida.	Encontra-se perto do risco vermelho, o seu nível de *stress* é demasiado elevado. Pare e pense mais em si.

2. Se os seus resultados não foram muito positivos, siga os seguintes conselhos e selecione os que pensa serem mais eficazes. Justifique porque os considera mais importantes. Quais são aqueles que normalmente pratica?

11 formas de evitar o *stress* Dependendo do seu grau de *stress* e das alterações que faça na sua vida, o processo pode ser mais rápido ou mais lento. Lembre-se que são as suas escolhas que determinam o seu estilo de vida!

Conheça-se a si próprio. Conhecendo os recursos de que dispõe, as suas capacidades e limites, terá mais probabilidades de vencer os obstáculos do dia a dia com um sorriso nos lábios.

"Mime-se". Faça o que realmente gosta e não dê a desculpa de falta de tempo.

Mantenha uma alimentação saudável e cuidada.

Aumente o contacto com a família e os amigos. Dê-lhes o que você precisa de receber nesse momento: atenção, amizade, etc.

Faça exercício físico sem ultrapassar as suas próprias limitações.

Planeie melhor o seu tempo.

Faça respirações profundas. No escritório, no trânsito, antes de uma reunião, etc.

Procure relaxar antes de dormir. Diminuirá a atividade cerebral e baixará o nível de ansiedade.

Medite. Faça exercícios de interiorização para descontrair a mente.

Massagens. Melhora a disposição, reequilibra a energia e diminui a tensão dos músculos.

Ria, não leve tudo a sério. Está cientificamente provado que quando rimos fortalecemos o sistema imunológico.

Compreender texto e falar

Tenho tido imenso trabalho.

Gramática: Pretérito Perfeito Composto do Indicativo

6.

1. Repare nas seguintes frases do diálogo no início da unidade.

– Como **tem passado**?

– Não **tenho andado** muito bem.

– **Tenho tido** imenso trabalho.

– Nem **tenho tido** tempo para comer uma refeição normal.

– **Tenho saído** do escritório todos os dias pelas onze horas da noite.

– (...) **tem descansado** ao fim de semana?

– Ao fim de semana também **tenho ido** para o escritório.

- **O Pretérito Perfeito Composto do Indicativo forma-se com o verbo auxiliar <u>ter</u> no Presente do Indicativo + Particípio Passado.**

2. Complete as seguintes frases com os verbos no Pretérito Perfeito Composto do Indicativo.

Ultimamente, o João...

_____ (trabalhar) demasiado.

não _____ (dormir) bem.

não _____ (descansar) ao fim de semana.

não _____ (comer) a horas.

não _____ (ter) tempo para a família.

não _____ (fazer) exercício físico.

_____ (deitar-se) tardíssimo.

não _____ (sair) com os amigos.

não _____ (ir) ao cinema.

Unidade 6

Falar: hábitos nos últimos tempos

3. Responda às seguintes perguntas e desenvolva as respostas.

1. Que desporto *tem praticado* mais?

2. *Tem trabalhado* muito?

3. A que horas se *tem levantado*?

4. *Tem-se deitado* tarde?

5. *Tem ido* ao cinema?

6. *Tem visto* televisão?

7. O que é que *tem feito* nos últimos tempos?

B. Saúde e Desporto

1.

Tenho tido imenso trabalho.

1. Leia o seguinte texto.

UM, DOIS, FLETE, INSISTE

Tem insónias, fuma demais, está sempre cansado, sente-se nervoso sem razão aparente? Acha que tudo isto tem origem nalguma estranha doença, mas os testes e as análises dizem que tudo está bem? Se calhar, o seu único problema é... falta de exercício. Provavelmente, o que lhe está a fazer falta é... mexer-se!
Estar em forma é, hoje em dia, uma prioridade para muitos. Mas, infelizmente, são raras as pessoas que fazem alguma coisa para o conseguir. O mais provável é dizermos – ou ouvirmos dizer – "não me sinto nada em forma". O tipo de vida que levamos, as imensas obrigações que temos, o *stress* no trabalho, as corridas diárias para os transportes, a impossibilidade que sentimos de ajudarmos todos os que achamos que precisam de nós, tudo isto faz deixarmos para segundo plano – ou para depois de todas as nossas "obrigações" – uma componente essencial para o nosso equilíbrio: o exercício físico.
Hoje em dia, deslocamo-nos sentados (de carro, de autocarro, de metro, de avião), trabalhamos sentados ou de pé no mesmo lugar e distraímo-nos a ver televisão, a ler ou a ouvir música sentados, ou até mesmo deitados. Uma boa condição física é essencial na prevenção de várias doenças, de perturbações nervosas, dos esgotamentos, do *stress* e até mesmo da depressão. Mas, atualmente, ligamos pouco a isto. Prova disso, é a pouca importância que se dá às aulas de ginástica nas escolas, e o facto de os ginásios só encherem no princípio do outono ou antes do verão, quando toda a gente começa a pensar que vai ter de mostrar o corpo na praia e que este não estará nas melhores condições. Do ponto de vista psicológico, o exercício físico, quando efetuado em boas condições, permite-nos sentir melhor, mais equilibrados e com maior autoconfiança. E, muitas vezes, é uma óptima forma de descarregar a agressividade e escapar ao *stress*, contribuindo até para reduzir o consumo do álcool, tabaco, excitantes ou tranquilizantes. Assim, não deite para trás das costas a sua "obrigação" de fazer exercício físico regularmente. Vai ver que em pouco tempo essa obrigação passa a um verdadeiro prazer e que já não poderá passar sem esse período de "ginástica". Escolha o exercício que melhor se adapta aos seus gostos e às suas capacidades físicas.

in Notícias Magazine

2. Responda às perguntas.

1. Porque é que hoje em dia as pessoas fazem menos exercício físico?
2. O que é que, segundo o texto, a falta de exercício físico pode provocar?
3. Quando é que, de acordo com o texto, os ginásios têm mais pessoas? Porquê?
4. Quais são os benefícios que a prática de exercício físico pode trazer a uma pessoa?
5. Qual é a sua opinião sobre este assunto?

Unidade 6

2. Relacione os desportos listados com as respetivas definições.

1. Remo
2. Futebol
3. Basquetebol
4. Voleibol
5. Andebol
6. Esgrima
7. Hóquei em patins
8. Natação
9. Ténis
10. Hipismo
11. Golfe
12. Ciclismo

a. Joga-se à mão e são 7 jogadores em cada equipa que tentam marcar golos na baliza da equipa adversária.
b. Um jogador em cada lado de uma rede e joga-se com uma raquete.
c. Tem que se saber andar bem a cavalo.
d. Usa-se uma bicicleta e tem que se ter muita resistência física.
e. São 11 jogadores em cada equipa e uma bola e só podem jogar com os pés, exceto o guarda-redes.
f. Os atletas nadam numa piscina e tem 4 estilos diferentes.
g. Com um taco tenta-se introduzir uma bola num buraco com o menor número de pancadas.
h. Cada equipa tenta introduzir a bola no cesto do adversário.
i. Cada equipa só pode tocar 3 vezes na bola, tentando não a deixar tocar no chão. Também se joga na praia.
j. Os jogadores usam patins e um *stick* que serve para controlar a bola e marcar golos na baliza do adversário.
k. Dois adversários tentam tocar no corpo do opositor com uma espada.
l. Vários elementos utilizam um barco, tentando chegar à meta primeiro que os restantes.

3.

1. Já praticou algum dos desportos listados no exercício anterior?
2. Acha que no seu país as pessoas praticam bastante exercício físico? Quais as modalidades ou desportos que são mais procurados?

Tenho tido imenso trabalho.

Falar

3. Já fez alguma atividade ou desporto mais radical? Porque é que acha que certas pessoas procuram atividades que envolvem um certo perigo?

Analisar mapa e falar

4. Analise o mapa de aulas que o ginásio "Holmes Place" oferece aos sócios e, em seguida, responda às perguntas.

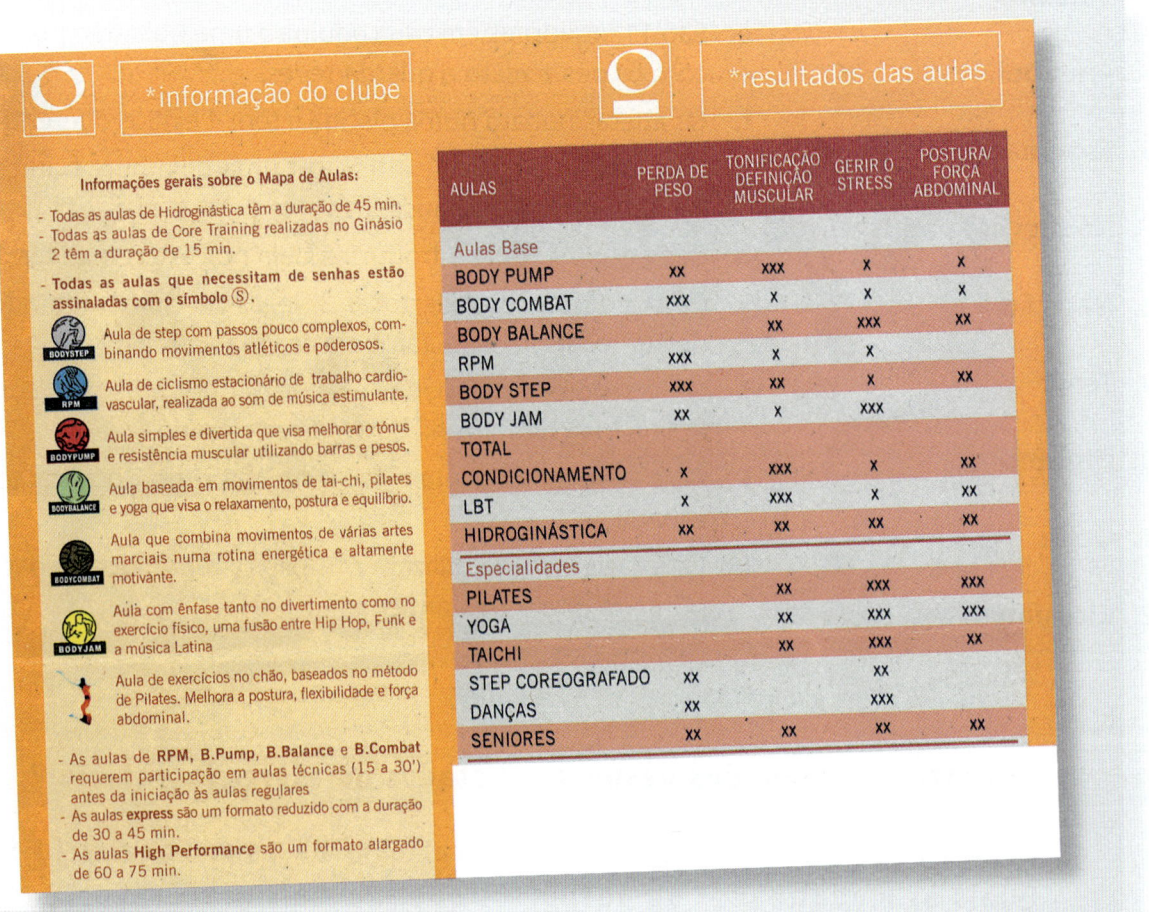

informação do clube   *resultados das aulas*

Informações gerais sobre o Mapa de Aulas:

- Todas as aulas de Hidroginástica têm a duração de 45 min.
- Todas as aulas de Core Training realizadas no Ginásio 2 têm a duração de 15 min.
- Todas as aulas que necessitam de senhas estão assinaladas com o símbolo Ⓢ.

BODYSTEP — Aula de step com passos pouco complexos, combinando movimentos atléticos e poderosos.

RPM — Aula de ciclismo estacionário de trabalho cardiovascular, realizada ao som de música estimulante.

BODYPUMP — Aula simples e divertida que visa melhorar o tónus e resistência muscular utilizando barras e pesos.

BODYBALANCE — Aula baseada em movimentos de tai-chi, pilates e yoga que visa o relaxamento, postura e equilíbrio.

BODYCOMBAT — Aula que combina movimentos de várias artes marciais numa rotina energética e altamente motivante.

BODYJAM — Aula com ênfase tanto no divertimento como no exercício físico, uma fusão entre Hip Hop, Funk e a música Latina.

Aula de exercícios no chão, baseados no método de Pilates. Melhora a postura, flexibilidade e força abdominal.

- As aulas de **RPM**, **B.Pump**, **B.Balance** e **B.Combat** requerem participação em aulas técnicas (15 a 30') antes da iniciação às aulas regulares
- As aulas **express** são um formato reduzido com a duração de 30 a 45 min.
- As aulas **High Performance** são um formato alargado de 60 a 75 min.

AULAS	PERDA DE PESO	TONIFICAÇÃO DEFINIÇÃO MUSCULAR	GERIR O STRESS	POSTURA/ FORÇA ABDOMINAL
Aulas Base				
BODY PUMP	xx	xxx	x	x
BODY COMBAT	xxx	x	x	x
BODY BALANCE		xx	xxx	xx
RPM	xxx	x	x	
BODY STEP	xxx	xx	x	xx
BODY JAM	xx	x	xxx	
TOTAL CONDICIONAMENTO	x	xxx	x	xx
LBT	x	xxx	x	xx
HIDROGINÁSTICA	xx	xx	xx	xx
Especialidades				
PILATES		xx	xxx	xxx
YOGA		xx	xxx	
TAICHI		xx	xxx	xx
STEP COREOGRAFADO	xx		xx	
DANÇAS	xx		xxx	
SENIORES	xx	xx	xx	xx

Unidade 6

1. Que aulas faria no caso de querer emagrecer, mas, ao mesmo tempo, também precisar de algo que o ajude a combater o *stress*?

2. Imagine que anda com muito trabalho e *stress* e, por consequência, só tem tempo para uma aula por semana. Qual escolheria?

3. O que deveria fazer uma pessoa cujo problema é unicamente "excesso de barriga"?

4. E para si? Que aulas o seduzem mais? Porquê?

5. Ouça o diálogo e responda às seguintes perguntas.

   1. A que horas e em que local se passa este diálogo?
   2. A rapariga vai à próxima aula de hidroginástica? Porquê? A que horas começa?
   3. Por que razão é que ela não quer ir à aula de aeróbica?
   4. A que aulas é que ela tem ido nos últimos tempos?
   5. A que aula é que ela decide ir? A que horas começa?
   6. O que é que ela vai fazer antes de a aula começar?

Compreensão oral

C. Sons e Ortografia: s ou z?

Em cada grupo de palavras a letra que falta tem sempre o mesmo som, apesar de se escreverem com um z ou com um s. Escreva a letra que falta em cada palavra e, em seguida, ouça-as e repita-as.

rapide____	furio____o
camponê____	surpre____a
xadre____	pobre____a
fero____	mentiro____o
ananá____	pra____o
velo____	utili____ar
paí____	despe____a
estupide____	limpe____a
trê____	pesqui____ar
de____	bele____a

87

Apêndice Gramatical

1 Pretérito Perfeito Composto do Indicativo

Forma-se com o verbo auxiliar **ter**, conjugado no **Presente** + o **Particípio Passado** do verbo principal.

Pretérito Perfeito Composto do Indicativo		
eu	**tenho**	**feito** **visto** **jogado** **descansado** **passeado**
tu	**tens**	
você, ela, ele	**tem**	
nós	**temos**	
vocês, elas, eles	**têm**	

O **Pretérito Perfeito Composto do Indicativo** usa-se para falar de ações ou situações que começaram no passado, mas que continuam até ao presente.

Exemplos
Ultimamente **tenho ido** *ao ginásio três vezes por semana.*

Desde que comecei a trabalhar nesta empresa, não **tenho tido** nenhum tempo livre.

Esta semana **tenho dormido** *muito mal.*

Unidade de Revisão 2

1. Complete os espaços, conjugando os verbos no <u>P.P.S.</u>, no <u>Pretérito Perfeito Composto do Indicativo</u> ou no <u>Pretérito Mais-que-Perfeito Composto do Indicativo</u>.

1. Ultimamente _____ (ver) a tua irmã no ginásio.

2. Quando _____ (eu - entrar) no supermercado, _____ (ver) que _____ (esquecer-se) da carteira.

3. Desde que tu me _____ (falar) desse restaurante vegetariano, _____ (ir) lá almoçar todas as semanas.

4. Esta semana _____ (eu - ir) às aulas de ioga todos os dias.

5. Eles _____ (ganhar) o campeonato de andebol deste ano. Nunca os _____ (eu - ver) jogar tão bem!

6. Quando _____ (eu - ir) à loja para comprar os ténis que _____ (ver) na semana anterior, eles já os _____ (vender).

7. Tens um ar cansado! _____ (trabalhar) muito nos últimos dias?

8. Quando _____ (eu - chegar) à paragem, o autocarro já _____ (passar).

2. Substitua as formas verbais destacadas pelo <u>Futuro do Indicativo</u> ou pelo <u>Condicional</u>.

1. Amanhã a equipa **vai viajar** para o estrangeiro.
   _____.

2. **Gostava** imenso de os ver jogar.
   _____.

3. Nós **tínhamos** muito prazer em recebê-los na nossa casa.
   _____.

4. **Vai ser** um jogo muito interessante.
   _____.

5. Eles **iam** convosco fazer mergulho, mas não trouxeram o equipamento.
   _____.

6. Ainda não sabemos se **vamos poder** ir à inauguração do restaurante.
   _____.

7. **Podia** dizer-me o preço daquela prancha de *surf*?
   _____.

8. **Vai haver** uma aula aberta de aeróbica no próximo domingo.
   _____.

Unidade de Revisão 2

3. Complete o quadro.

Substantivo	Adjetivo
	nublado
	consumidor
o sabor	
a tensão	
	enérgico
a tranquilidade	
o álcool	
a saúde	

4. Encontre o <u>antónimo</u> e escreva uma frase.

aumentar ≠	
beneficiar ≠	
nervoso ≠	
cansaço ≠	
barulhento ≠	
nublado ≠	
cru ≠	
raramente ≠	
adormecer ≠	
esvaziar ≠	

5. Passe para o <u>discurso indireto</u>.

1. *Gostas de sushi?*
   Ela perguntou-me _____.

2. *Será um fim de semana fantástico.*
   Ela disse _____.

3. *Como se vai para o centro da cidade?*
   Ela perguntou-me _____.

4. *Tens de ter uma alimentação mais saudável.*
   Ela disse-me _____.

5. *Vieste cedo para casa ontem?*
   Ela perguntou-me _____.

6. Com quem estiveste a falar ao telefone?

Ela perguntou-me _____.

7. Na semana passada fomos à praia do Guincho e fizemos surf pela primeira vez em Portugal.

Eles disseram _____.

8. Aconselho-te a ler o livro que li no mês passado.

Ele disse _____.

6. Procure no dicionário (se necessário) e faça duas frases exemplificativas de dois significados diferentes que cada uma destas palavras podem ter.

1. ligar

_____.
_____.

2. reparar

_____.
_____.

3. arranjar

_____.
_____.

4. mexer

_____.
_____.

5. direito

_____.
_____.

7. Relacione cada elemento da coluna A com um da coluna B.

A	B
1. descascar	a. a batata
2. ferver	b. o limão
3. espremer	c. o sal
4. pôr	d. a cenoura
5. deitar	e. a água
6. ralar	f. a mesa

Dói-me a garganta.

- Dar informações básicas sobre um problema de saúde
- Comparar sistemas de saúde
- Compreender testemunhos sobre sistema de saúde
- Falar sobre experiências pessoais
- Marcar uma consulta
- No consultório
- Especialidades médicas
- Sistema de saúde em Portugal
- Opiniões sobre o sistema de saúde
- Medicinas alternativas
- Pronomes relativos invariáveis: **que; quem; onde**
- Colocação dos Pronomes pessoais
- Palavras **homógrafas**: grafia igual, mas pronúncia e significado diferentes
- Palavras **parónimas**: ortografia e pronúncia semelhantes, mas significado diferente

Dói-me a garganta.

A. Dói-me a garganta.

1.

Diálogo: compreensão oral, ler

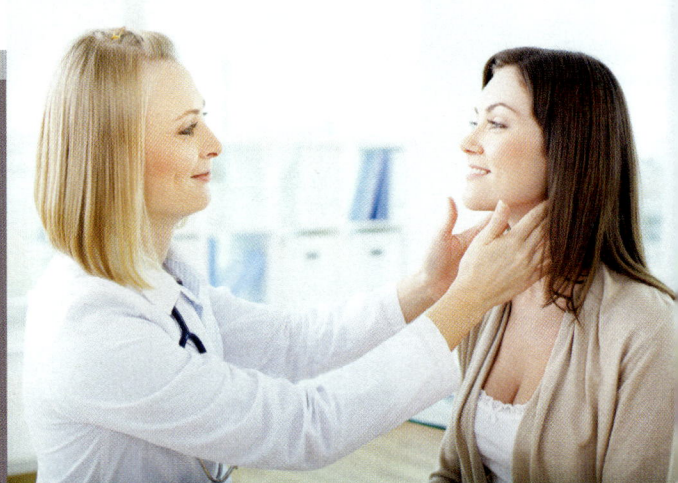

A Ingrid é alemã e está a estudar engenharia em Lisboa. Ela veio através do programa de intercâmbio de estudantes Erasmus. Ontem de manhã ela começou a sentir dores de garganta e à noite tinha febre. Por isso, ela hoje decidiu ir ao Centro de Saúde da área onde mora. Depois de esperar algum tempo, a Ingrid entrou no consultório.

Antes de ler o diálogo, ouça-o e responda às seguintes perguntas:

1. Há quanto tempo é que a Ingrid estuda português?
2. O que é que a médica quer examinar?
3. Qual é o diagnóstico da médica?
4. O que é que a Ingrid tem de tomar?
5. Daqui a quanto tempo é que a médica acha que a Ingrid se vai começar a sentir melhor?
6. O que é que a Ingrid não se deve esquecer de fazer na receção?

Ingrid: Bom dia.
Médica: Bom dia. Faça o favor de se sentar. Fala português, não é verdade?
Ingrid: Sim. Já estudo português há um ano.
Médica: Muito bem. Então, o que se passa?
Ingrid: Bem, dói-me a garganta e desde ontem que tenho febre.
Médica: Deixe-me ver a sua garganta. Abra bem a boca!
Hum... Tem uma grande infeção, Ingrid. Vou-lhe receitar um antibiótico que vai tomar de 12 em 12 horas e uns comprimidos para controlar a febre. Daqui a dois dias já se vai começar a sentir melhor.
Ingrid: Não gosto nada de tomar antibióticos.
Médica: Ninguém gosta, mas às vezes é necessário. Aqui tem a receita. Não se esqueça de a carimbar na receção. As suas melhoras!
Ingrid: Obrigada. Bom dia.

Unidade 7

Vocabulário: corpo humano

2. Verifique se conhece ou se se lembra do vocabulário relacionado com o corpo humano. Coloque as palavras, que se encontram no quadro, no local correto.

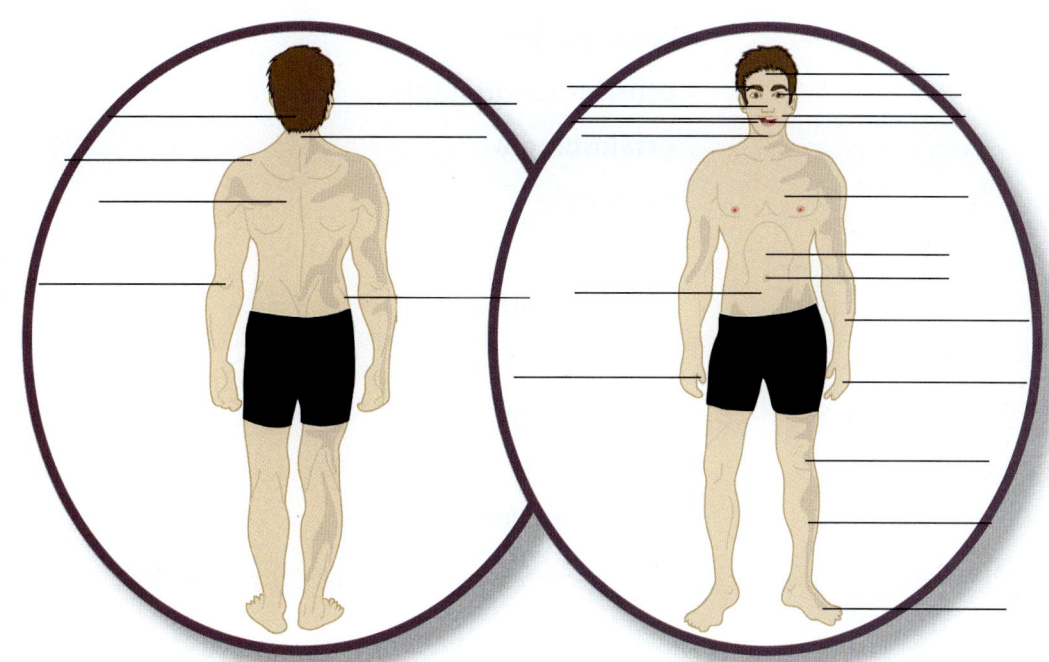

mão	joelho	cotovelo	cabelo	cara	perna	peito
nariz	pé	boca	olho	costas	braço	
testa	pescoço	queixo	língua	dedo	estômago	orelha
barriga	ombro	dentes	sobrancelha	cintura	umbigo	

Vocabulário

3. Junte cada verbo da coluna A com um elemento do quadro B.

A
1. fazer
2. medir
3. tomar
4. chupar
5. ter
6. passar
7. arrancar

B
a. uma receita
b. dores de garganta
c. a tensão arterial
d. um dente
e. um comprimido para a febre
f. umas pastilhas para a tosse
g. análises de sangue

95

Dói-me a garganta.

Vocabulário: especialidades médicas

4. Explique quais os problemas de saúde de que se ocupa cada uma das seguintes especialidades médicas.

> **estomatologia**
> **otorrinolaringologia**
> **oftalmologia**
> **ortopedia**
> **pediatria**
> **ginecologia**
> **clínica geral**
> **dermatologia**
> **psiquiatria**
> **gastroenterologia**

5.
  1. Leia o seguinte texto que lhe dá algumas informações sobre o sistema de saúde em Portugal.

Ler: texto sobre sistema de saúde

Em Portugal, além das clínicas e consultórios privados, as pessoas podem usar o Serviço Nacional de Saúde, que deve garantir o direito aos cuidados de saúde a todos os portugueses, aos cidadãos dos países membros da União Europeia, bem como aos estrangeiros residentes em Portugal.
A utilização dos serviços é praticamente gratuita; os utentes só têm de pagar uma pequena taxa moderadora.
O Sistema Nacional de Saúde inclui os Centros de Saúde e os Hospitais.
Os Centros de Saúde funcionam todos os dias úteis, das 8 às 20 horas, e cada Centro recebe os habitantes de uma área específica.
Fora destas horas e durante os fins de semana e feriados existe um Serviço de Atendimento Permanente para cuidados de saúde urgentes.
Os Hospitais são instituições mais especializadas e cobrem as situações mais graves que os Centros de Saúde não têm capacidade para tratar. No entanto, muitas são as pessoas que se queixam do facto de, por vezes, se ter de esperar demasiado tempo por uma consulta, ou por uma intervenção cirúrgica.

Unidade 7

2.

1. Quais são as maiores diferenças entre o sistema de saúde em Portugal e o que existe no seu país?

2. Pensa que todas as pessoas deveriam beneficiar de um sistema de saúde gratuito?

3. No seu país também existe uma longa lista de espera para as cirurgias?

4. Imagine que era eleito/a Ministro/a da Saúde no seu país. Quais seriam as medidas mais importantes que tomaria?

3. Leia o que estas três pessoas disseram sobre o sistema de saúde em Portugal, numa entrevista para o jornal <u>Correio da Manhã</u>. Em seguida, responda às perguntas.

…GA | Ilda Matos

"…E MAL A PIOR"

"… sistema de …de em Portu-… vai de mal a …. Desconta-… uma vida in-… e quando …ge um problema de saúde …ecífico, somos obrigados a …tar dinheiro num médico par-…lar. Caso contrário, enfrenta-… listas de espera tão gran-…, que corremos o risco de …rrer antes de ser atendidos".

LEIRIA | António Magalhães

"HÁ MELHORIAS"

"Na minha opinião, tem havido melhorias, ao nível do atendimento não só dos médicos, mas também do pessoal auxiliar e de enfermagem. Devo também dizer que noto uma maior disponibilidade em ouvir as queixas dos doentes e em procurar a melhor solução para os problemas que apresentam".

PORTO | Joaquim Sousa

"BEM ATENDIDO"

"Tenho sido sempre bem atendido no centro de saúde da minha área de residência. Apesar dos meus 70 anos, sou saudável, mas vou regularmente ver como está a 'máquina'. Às vezes está muita gente no centro de saúde e tenho de aguardar algum tempo, mas temos de aguentar. Nos hospitais é que o atendimento é mais demorado."

1. Quais são, no global, as maiores queixas?

2. Quem tem uma opinião mais positiva? Porquê?

3. Qual é o testemunho mais crítico?

97

Dói-me a garganta.

B. Medicinas alternativas

Ler e compreender

1.

1. Leia o texto.

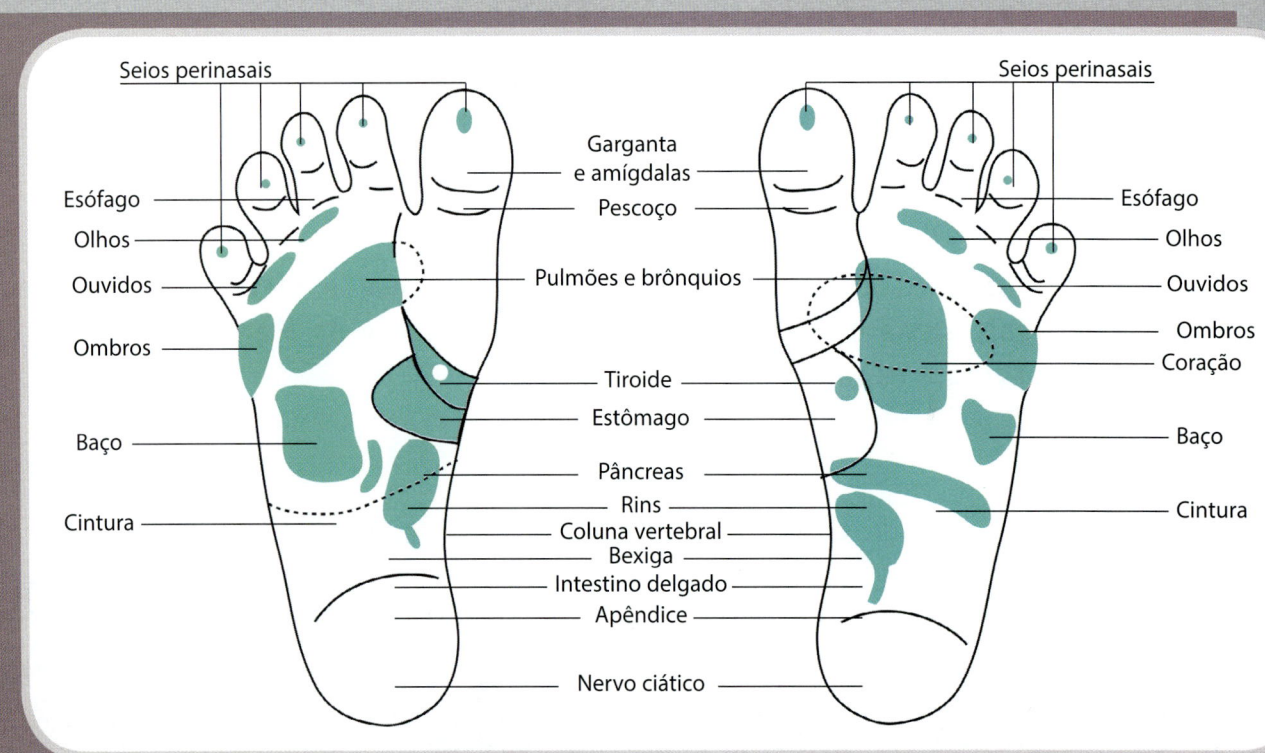

REFLEXOLOGIA

A Reflexologia caracteriza-se por uma forma extremamente eficaz de massagem terapêutica, através da aplicação de pressões específicas em pontos reflexos, em especial nos pés.

A Reflexologia tem origem na Antiguidade, numa época em que as terapias de pressão eram conhecidas como uma forma de medicina preventiva e de tratamento.

Os reflexologistas acreditam na existência de pontos reflexos localizados nos pés e nas mãos que se encontram relacionados com cada parte do nosso corpo.

Cada tratamento demora cerca de 30 a 40 minutos e no final a sensação predominante é de relaxamento total.

Oralidade

2.

1. Já tinha ouvido falar em Reflexologia?

2. Acredita que pode ter resultados positivos?

3. Não se importaria de experimentar este tipo de massagem? Em que situação?

2.

1. Conhece outras medicinas alternativas ou complementares? Leia cada uma das definições e tente relacioná-la com uma das medicinas alternativas listadas. Verifique os seus conhecimentos dentro desta área.

1. osteopatia
2. acupunctura
3. cromoterapia
4. *shiatsu*
5. aromaterapia
6. fitoterapia
7. homeopatia

A. Arte e ciência de usar óleos de plantas em tratamentos. É uma das técnicas de cura mais antigas da História. Os óleos essenciais são extraídos de plantas e exercem uma influência subtil na mente e no corpo. A cura é feita de uma maneira natural e não agressiva, podendo os óleos ser usados em massagens ou em banhos.

B. Método terapêutico alternativo, criado por um médico alemão no início do séc. XIX. Este método consiste na utilização de medicamentos elaborados a partir de compostos naturais retirados do mundo vegetal, mineral ou animal.

C. Consiste no conjunto das técnicas de utilização dos vegetais no tratamento das doenças e na recuperação da saúde. Existem numerosas escolas que estudam e empregam as plantas medicinais como método terapêutico. Este método faz parte dos recursos da medicina natural e está presente na tradição da medicina popular e nos rituais de cura indígenas.

Dói-me a garganta.

D. Cura de problemas orgânicos e emocionais através do uso das cores. Este tipo de tratamento é relativamente recente. O seu desenvolvimento ocorreu nos últimos 30 anos graças à evolução da tecnologia e da ciência.

E. Técnica utilizada para colocar as articulações no seu lugar, através do uso de manipulação e massagem. Esta técnica permite aumentar a mobilidade e, ao mesmo tempo, aumentar a circulação, o que proporciona maior bem-estar e diminuição da dor.

F. Técnica milenar usada para restabelecer a saúde e reequilibrar o corpo. Baseia-se na teoria de que o corpo é percorrido por energia, a qual flui ao longo de todo o corpo em canais chamados meridianos. Cada meridiano está associado a um órgão em particular, mas como o corpo está todo interligado, cada órgão acaba por influenciar outros órgãos e, assim, todo o corpo. Usam-se agulhas finíssimas que são introduzidas em determinados pontos para assim fazer o "tratamento".

G. Técnica oriental que consiste em pressionar certos e determinados pontos, ou meridianos, para assim reequilibrar a energia que circula no corpo e nos órgãos. As pressões são efetuadas com os dedos ou com as mãos e no Ocidente é usado maioritariamente para relaxamento e melhoria geral de todo o corpo. No Oriente é também usado como método para curar todo o género de doenças.

2.

1. As medicinas alternativas ou complementares são bem aceites no seu país? Quais são as mais procuradas?

2. Acredita em alguma destas medicinas como bons métodos de tratamento ou apenas como possíveis complementos da medicina tradicional?

3. Já recorreu a alguma destas medicinas alternativas?

Unidade 7

3. Ouça o seguinte diálogo e responda às perguntas.

1. Em que mês do ano se passa este diálogo?

2. Quantos dias por semana é que o médico dá consulta no consultório?

3. Em que dias é que ele dá consultas de manhã?

4. Quando é que a D. Maria tem possibilidade para marcar a consulta?

5. Em que dia e a que horas é a consulta da D. Maria?

C. Fonética

Em português existem palavras que se escrevem da mesma maneira, mas que, no entanto, têm pronúncia e significado diferentes – *palavras homógrafas* (A).
Também existem palavras que têm uma ortografia e pronúncia semelhantes, mas com significado diferente – *palavras parónimas* (B).

Ouça com atenção cada par de palavras e repita-as. Verifique se conhece os significados de todas elas.

A
andamos / andámos
duvida / dúvida
pode / pôde
para / para
habito / hábito
inicio / início
fabrica / fábrica
apanhamos / apanhámos
molho / molho
cor / cor

B
emigrar / imigrar
discrição / descrição
comprimento / cumprimento
ilegível / elegível

Compreensão oral

Apêndice Gramatical

1 Pronomes relativos

Os **pronomes relativos** fazem referência a pessoas, coisas ou lugares que os antecedem.

Antecedente	Relativos invariáveis
pessoas ou coisas	que
pessoas	quem *
lugar	onde

* O relativo **quem** é precedido de uma preposição.

Exemplos
O jornal **que** comprei ontem tinha um artigo muito interessante.
Eu conheço a rapariga **a quem** compraste o jornal.
Ela costuma ir ao restaurante, **onde** eu almoço todos os dias.

2 Colocação dos pronomes pessoais

Quando o verbo principal está no **Particípio Passado**, o **pronome pessoal reflexo** ou de complemento coloca-se **depois do verbo auxiliar**. No caso de haver uma palavra das que obrigam à inversão, o pronome deve ser colocado **antes do verbo auxiliar**.

Exemplos
Eles têm-**nos** enviado imensas mensagens.
Vocês ainda não **nos** tinham falado disso.
Já **te** tinham contado o que se passou?

Os assaltantes foram apanhados.

- Compreender notícias de jornal sobre acontecimentos do dia
- Identificar diferentes tipos de texto escrito
- Compreender mensagens orais e reproduzi-las
- Compreender e deixar mensagens em atendedor de chamadas
- Pequenas notícias de jornal sobre acontecimentos do dia
- Temas mais destacados na imprensa
- Diferentes tipos de texto escrito
- Mensagens escritas e orais
- **Particípios duplos**
- **Voz Passiva**
- Palavras **homófonas**: pronúncia igual, mas grafia e significado diferentes

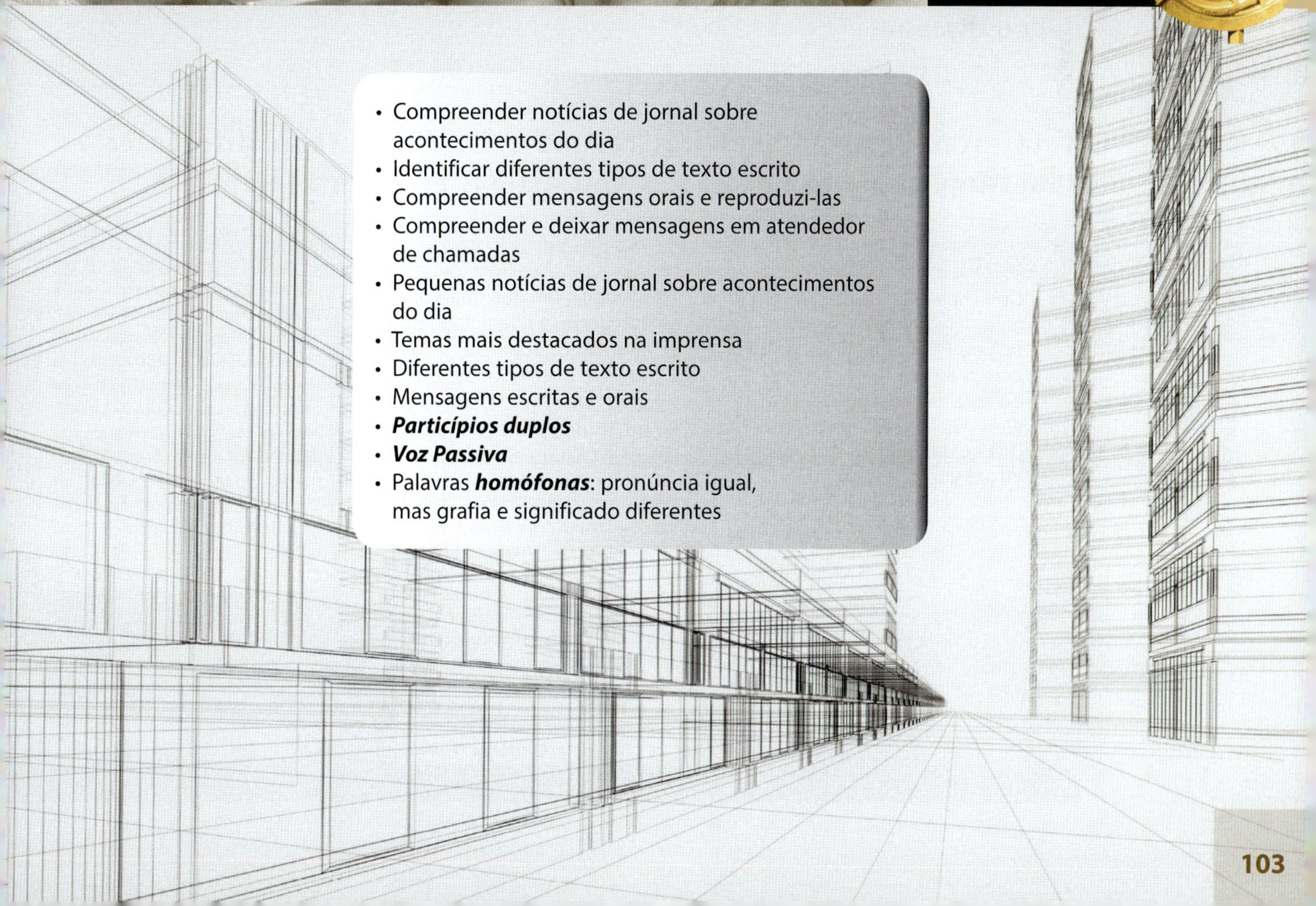

Os assaltantes foram apanhados.

A. Os assaltantes foram apanhados.

1.

1. Ouça o diálogo.

– Olha, os assaltantes que andavam a assaltar casas aqui na zona já foram apanhados.
– Quantos eram?
– Eram dois. Foram presos na sexta-feira.
– Já não era sem tempo, mas, se calhar, daqui a três ou quatro meses já estão cá fora outra vez e voltam a fazer o mesmo.
– Não podem ficar na cadeia para sempre, não achas?
– Claro que não, mas devia existir um programa eficiente para os ajudar a reintegrarem-se na sociedade, de modo a não voltarem a cometer o mesmo crime.
– Uma pessoa abre o jornal e encontra imensas notícias deste tipo. Infelizmente, não é fácil arranjar programas para tanta gente.

2. Cada aluno diz algo que compreendeu, de modo a obter as ideias principais da notícia e da conversa entre os dois amigos. Em seguida, leia o diálogo.

2.

1. Leia estas pequenas notícias retiradas de dois jornais diferentes e identifique a notícia de que os dois amigos estavam a falar.

A Dois homens, de 27 e 37 anos, foram detidos, sexta-feira, pela PSP de Setúbal, pela prática de sete furtos em residências e dois roubos a pessoas. Os gatunos foram detidos quando tinham acabado de assaltar uma casa.
in Correio da Manhã

B Três feridos, um dos quais em estado grave, é o resultado de uma colisão ocorrida pelas 17h00 de ontem, entre dois veículos, em Évora. Os feridos foram transportados para o Hospital Distrital de Évora.
in Correio da Manhã

C O teto de uma habitação ruiu e dezenas de outras casas foram inundadas ontem de manhã em Espinho, devido a uma fortíssima chuvada que, durante cerca de meia hora, caiu sobre a cidade. Não se registaram feridos, nem desalojados. Pelo menos, uma dezena e meia de pedidos de socorro foram registados pelos Bombeiros Voluntários da cidade.
in Correio da Manhã

D Um homem e uma mulher foram descobertos a furtar no hipermercado, situado no centro comercial Fórum Montijo, e acabaram por ser entregues às autoridades. Outra situação ocorreu no mesmo dia e no mesmo local. Um jovem de 16 anos foi detetado na posse de artigos roubados no valor de cerca de 800 euros.
in Correio da Manhã

Unidade 8

E Vai ser inaugurado em Santarém, no próximo dia 28, um centro comercial que vai criar 500 postos de trabalho diretos. Com um investimento de 35 milhões de euros, são esperados cinco milhões de visitantes no primeiro ano.
in Correio da Manhã

F *Harry Potter e a Ordem de Fénix*, quinto volume da saga criada por J. K. Rowling, será lançado no dia 24 à noite no Panteão Nacional. O espaço será decorado de modo a recriar a escola de feitiçaria de Hogwarts. A edição é de cem mil exemplares. O próximo livro será editado em papel reciclado, a pedido da autora.
in Diário de Notícias

G Cinco Estados-membros da União Europeia (UE) querem reforçar o combate à imigração ilegal através da criação de uma 'zona de segurança' no Mar Mediterrâneo. A proposta foi debatida numa reunião de ministros do Interior da Alemanha, Espanha, França, Itália e Reino Unido e vai ser apresentada aos restantes membros da UE no próximo mês.
Além da criação da 'zona de segurança', os ministros concordaram na necessidade de alargar o tipo de controlo ao qual os passageiros aéreos são submetidos quando chegam a um país da UE às pessoas que fazem a viagem de barco ou de autocarro. Com esta medida pretende-se lutar contra a imigração ilegal e contra o terrorismo.
in Diário de Notícias

2. Relacione estes títulos com cada uma das notícias que leu.

1 Cinco 'grandes' da UE querem apertar vigilância no Mediterrâneo

2 FERIDOS ÉVORA

3 Apanhados a roubar "hiper"

4 SETÚBAL DETIDOS

5 Lançamento de *Harry Potter* no Panteão Nacional

6 SANTARÉM CENTRO CRIA 500 EMPREGOS

7 Chuva faz estragos em casas

3. Selecione uma das notícias e resuma oralmente o seu conteúdo. Os seus colegas terão de compreender e identificá-la.

3. Das situações que se encontram listadas, quais aquelas que mais frequentemente fazem notícia nos jornais do seu país? Tente lembrar-se de uma notícia que nos últimos tempos considera que teve um lugar de destaque na imprensa. Conte aos colegas de que tratava.

- Catástrofes naturais
- Imigração ilegal
- Tráfico de droga
- Acidentes rodoviários
- Assaltos
- Acontecimentos sociais
- Política
- Desporto
- Economia
- Terrorismo
- Desemprego
- Eventos culturais

Os assaltantes foram apanhados.

Vocabulário

4. Relacione cada palavra do quadro *A* com a do quadro *B* que tem um significado mais próximo.

A
1. montante
2. deter
3. busca
4. furto
5. detetar
6. colisão
7. combate
8. debater
9. veículo
10. transportado
11. de acordo com
12. ocorrer

B
a. automóvel
b. choque
c. discutir
d. roubo
e. quantia
f. levado
g. luta
h. acontecer
i. prender
j. segundo
k. procura
l. descobrir

Gramática: voz passiva

5.
1. Repare nas seguintes frases do diálogo.

Os assaltantes já **foram apanhados.**
Os assaltantes **foram presos.**

Estas frases encontram-se na *Voz Passiva*.
Volte às 7 notícias que leu e identifique uma frase do mesmo tipo (na *voz passiva*) em cada notícia.

2. Siga o exemplo:

O homem **apanhou** o ladrão?
O ladrão **foi apanhado** pelo homem?

1. Já leram esse livro no teu país?
   _____?

2. A polícia vai investigar esse crime?
   _____?

3. Muitas pessoas fazem a viagem de barco.
   _____.

4. Já inauguraram o centro comercial.
   _____.

5. Vão criar 500 postos de trabalho.
   _____.

6. Ontem, a editora lançou o novo livro.
   _____.

Unidade 8

7. A chuva destruiu as plantações.
_____.

8. Os suspeitos vendiam a droga naquele bairro.
_____.

9. Milhões de pessoas vão visitar o Oceanário.
_____.

10. Puseram o livro à venda em todas as livrarias.
_____.

3. Siga o exemplo e repita as perguntas. Tente fazê-lo oralmente, antes de escrever as respostas.

> Foi você que **comprou** este jornal?
> Este jornal **foi comprado** por si?

1. Foste tu que abriste a janela?
_____?

2. Foi o senhor que ligou o alarme?
_____?

3. Foram vocês que disseram a resposta?
_____?

4. Foi ele que fez o telefonema?
_____?

5. Foram os senhores que reservaram esta mesa?
_____?

6. Foi você que escreveu a notícia?
_____?

7. Foi esta editora que lançou o livro?
_____?

8. Foi o senhor que chamou a polícia?
_____?

9. Foram vocês que pagaram o almoço de ontem?
_____?

10. Foi aquela empregada que limpou o escritório?
_____?

4. Agora volte a fazer o exercício, respondendo oralmente às perguntas como no exemplo que se segue.

> – Foi você que **comprou** este jornal?
> – Sim, este jornal **foi comprado** por mim.

Os assaltantes foram apanhados.

B. Tipos de texto

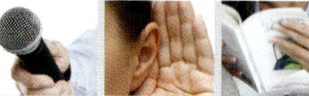

Identificar tipos de texto

1.

1. Identifique cada extrato com um destes tipos de texto:

1. Uma carta informal
2. Uma carta comercial
3. Um convite
4. Uma receita
5. Uma carta de emprego
6. Uma mensagem
7. Uma reclamação

A
Pique a cebola e os alhos e junte o tomate e o azeite. Leve ao lume e vá mexendo até

B
Vivi dois anos em Londres, onde fui responsável pelo departamento de publicidade.

C
Exmº. Senhor: Temos o prazer de o informar que irá receber o nosso catálogo nos próximos dias e ficamos a aguardar

D
Temos o prazer de o convidar para a inauguração da exposição que irá ter lugar na

E
O tempo está ótimo e estamos a gostar muito de tudo por aqui. E tu? Está tudo bem contigo?

F
A Isabel telefonou e disse que hoje não vem jantar porque

G
Exmos. Senhores: Os produtos que a Vossa empresa me enviou não estão de acordo com o pedido feito. Por esse motivo estou a devolvê-los e

Unidade 8

2. Escolha um ou mais textos e pense num final ou numa continuação para cada um. Escreva-o e leia o que escreveu.
Será que os seus colegas identificam o texto inicial?

2.

1. O João escreveu um *e-mail* a um amigo, o Francisco, que está a trabalhar em França há algum tempo. O Francisco imprimiu-o mas, por engano, rasgou a mensagem juntamente com outros papéis. Ajude-o a reconstruir o texto.

A
Mas hoje decidi tirar uns minutos para te mandar notícias. Fui promovido!! Finalmente, fui promovido. Agora sou o novo diretor do meu departamento.

B
Ouvi na televisão que o tempo tem estado péssimo aí em Marselha. Quando decides voltar para Lisboa? Dizias que só ficavas aí durante 6 meses e já passou um ano e ainda continuas por aí.

C
Tenho tido um horário terrível e muitos têm sido os fins de semana que tenho ido trabalhar. Mas, pelo menos, recebi uma recompensa. O problema é que penso que não vou ter menos trabalho.

D
De: João Fernandes
Para: Francisco Barreiros
Data/Hora: 2013/5/11   15.20h
Assunto: Notícias frescas!

Caro Francisco:
Desculpa, desculpa, desculpa!
Já há muito tempo que recebi o teu *e-mail* e até hoje não te respondi. Tenho tido tanto trabalho que não tenho escrito a ninguém.

E
Quem não está a gostar nada desta situação é a Clara, como podes imaginar. Já há algum tempo que raramente estamos juntos. Penso que depois do lançamento do novo produto o ritmo vai abrandar. Espero!...

Os assaltantes foram apanhados.

D
Manda notícias e diz se vens passar uns dias connosco ao Alentejo no verão. Já falta pouco.

Um abraço. João.

E
A última vez que enviei uma mensagem sem ser de trabalho foi há 2 semanas e foi para dar os parabéns a um amigo que fazia anos!...

Falar: compreensão do texto

2. Faça uma pergunta aos colegas sobre o texto que o João escreveu.

3. Deixe a sua mensagem após o sinal! Escreva as mensagens que quer deixar no atendedor automático para cada uma das situações que se seguem. Grave a sua mensagem e, em seguida, ouça-a. Pode imaginar outra situação.

Simular telefonemas

1. Tem um almoço com um/uma colega, mas está no meio de um trânsito infernal e vai chegar atrasado/a.

2. Quer convidar um/uma amigo/a para ir ao cinema consigo.

3. Chegou a Portugal e quer combinar um encontro com um/uma amigo/a português(a) que não vê há algum tempo.

Unidade 8

 4. Ouça agora as seguintes mensagens que estão gravadas no seu atendedor de chamadas e tire notas, de modo a poder reproduzi-las.

Mensagem A	Mensagem B	Mensagem C

C. Ortografia e pronúncia

 Em português existem palavras que têm uma pronúncia igual, mas que, no entanto, a grafia e o significado são diferentes – *palavras homófonas*.

Ouça a pronúncia de cada par de palavras, repita e explique a diferença de significado que existe entre elas.
Faça oralmente um exemplo para cada palavra.

à	há
acento	assento
cheque	xeque
concerto	conserto
coser	cozer
nós	noz
ouve	houve
cinto	sinto
sem	cem
vez	vês

Apêndice Gramatical

1 Voz passiva

- Forma-se com o verbo auxiliar **ser** e o **Particípio Passado** do verbo principal.
- O Particípio Passado do verbo principal concorda em género e em número com o sujeito da passiva.
- O verbo auxiliar **ser** é usado no mesmo tempo do verbo principal da **voz ativa**.
- O **complemento direto da voz ativa** passa para **sujeito da voz passiva**.

Voz ativa	Voz passiva
Eles **ouviram** a notícia há 5 minutos.	A notícia **foi ouvida** há 5 minutos por eles.
Essa editora **vai lançar** o livro amanhã.	O livro **vai ser lançado** amanhã por essa editora.
Este canal **apresentará** esses programas no próximo mês.	Esses programas **serão apresentados** por este canal no próximo mês.
Um jornalista português **está a preparar** essa reportagem.	Essa reportagem **está a ser preparada** por um jornalista português.

2 Particípios duplos

- Existem alguns verbos que têm duas formas diferentes de Particípio Passado. Nestes verbos com **particípios duplos** usamos o **particípio regular** com o auxiliar **ter** (*tempos compostos*). O **particípio irregular** é usado com os auxiliares **ser** e **estar** (*voz passiva*).
- O **particípio regular** é **invariável**; o **particípio irregular** concorda em **género** e **número** com o **sujeito**.

	Particípios duplos	
	regular	irregular
aceitar	aceit**ado**	aceit**e**
acender	acend**ido**	ace**so**
entregar	entreg**ado**	entreg**ue**
matar	mat**ado**	m**orto**
morrer	morr**ido**	mor**to**
prender	prend**ido**	pre**so**
romper	romp**ido**	ro**to**
salvar	salv**ado**	sal**vo**
secar	sec**ado**	se**co**

Exemplos	Eles já **tinham prendido** os autores do crime.
	Os autores do crime já **foram presos**.

Posso experimentar?

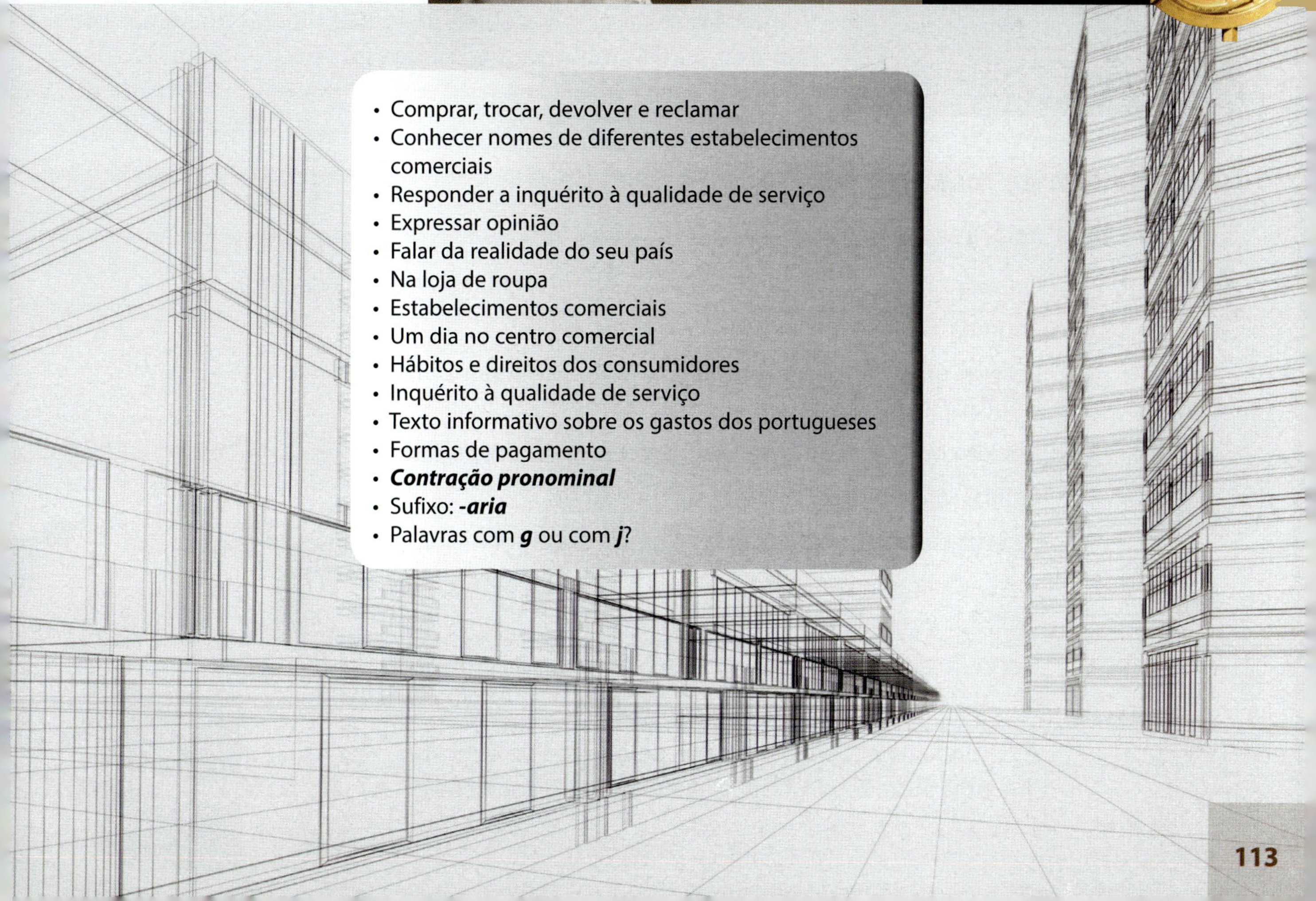

- Comprar, trocar, devolver e reclamar
- Conhecer nomes de diferentes estabelecimentos comerciais
- Responder a inquérito à qualidade de serviço
- Expressar opinião
- Falar da realidade do seu país
- Na loja de roupa
- Estabelecimentos comerciais
- Um dia no centro comercial
- Hábitos e direitos dos consumidores
- Inquérito à qualidade de serviço
- Texto informativo sobre os gastos dos portugueses
- Formas de pagamento
- *Contração pronominal*
- Sufixo: *-aria*
- Palavras com *g* ou com *j*?

Posso experimentar?

A. Posso experimentar?

1. Antes de ler, ouça o diálogo e responda às seguintes perguntas:

1. Onde se passa o diálogo?
2. O que é que o cliente quer comprar?
3. Qual é o número que o cliente normalmente usa?

Vendedor: Bom dia. Posso ajudar?
Cliente: Bom dia. Estava a ver as calças de ganga. Não tem nenhumas 40?
Vendedor: Não estão aqui nenhumas 40?
Cliente: Não. Tem umas 42, mas acho que me devem ficar grandes.

Vendedor: Sabe, tem-se vendido imenso esse modelo. Não sei se terei lá dentro mais calças desse modelo. Quer experimentar essas 42, enquanto eu vou ver o que tenho em armazém?
Cliente: Pode ser. Onde é o gabinete de provas?
Vendedor: É ali ao fundo, à direita. Se eu encontrar umas 40, levo-lhas lá.

Pouco tempo depois...

Vendedor: Então, já experimentou as calças?
Cliente: Já, já, mas ficam-me grandes.
Vendedor: Está com sorte! Tenho aqui as últimas do número 40.
Cliente: Ótimo. Com certeza que essas é que me vão ficar bem.

2. Na loja de roupa.

1. Leia as frases e ordene-as.

___ Quando chega a casa, verifica que a camisola tem uma mancha de tinta.
_1_ Entra na loja e vê as camisolas que estão expostas.
___ Diz que quer a devolução do dinheiro ou trocar por outra camisola igual sem defeitos.
___ Decide comprar a camisola e paga-a com cartão de crédito.
___ Acha a camisola pequena e pede uma maior.
___ Vê uma camisola de que gosta e decide experimentá-la.
___ Volta à loja e mostra à empregada a mancha de tinta na camisola e o recibo.
___ Decide aceitar a troca, leva a nova camisola e sai.
___ Recebe o recibo e o saco com a camisola e sai.
___ A empregada pede-lhe desculpa pelo sucedido e mostra--lhe uma outra camisola igual e em perfeitas condições.

Unidade 9

2. Leia as seguintes frases e relacione cada uma delas com um dos momentos referidos no exercício anterior.

☐ – Posso experimentar esta?

☐ – Que chatice! Tem uma mancha na manga!

☐ – Peço-lhe imensa desculpa. Não faço ideia como terá acontecido. Tenho aqui outra exatamente igual e, como vê, não tem qualquer problema.

☐ – Bom dia. Posso ver as camisolas?

☐ – Não tem o tamanho acima?

☐ – Se não tem outra camisola igual a esta, eu preferia a devolução do dinheiro.

☐ – Obrigada e bom dia.

☐ – Vou levar esta. Aceita Visa?

☐ – Boa tarde. Hoje de manhã comprei aqui esta camisola, mas só em casa vi que tinha esta mancha de tinta.

☐ – Muito bem. Então troco por esta.

3. Simule com um colega a seguinte situação numa sapataria.

> Vai comprar uns sapatos. Descreva ao empregado os sapatos que pretende. Peça para experimentar o número acima. Pergunte se pode pagar com Visa.

3. Relacione cada palavra do quadro *A* com a explicação adequada do quadro *B*. Faça um exemplo com cada palavra do grupo *A*.

A
1. devolver
2. recibo
3. tamanho
4. trocar
5. gabinete de provas
6. reembolso

B
a. sala para experimentar vestuário
b. devolução do dinheiro que se pagou
c. restituir
d. prova de pagamento
e. número
f. dar uma coisa e receber outra

Posso experimentar?

Vocabulário: nome de lojas

4.

1. Sabe o nome destas lojas ou espaços comerciais?

Vocabulário: lojas e produtos

2. Os nomes de muitas lojas têm a mesma terminação: o sufixo -*aria*. Diga o nome de produtos que podemos comprar em cada uma das seguintes lojas, cujos nomes terminam com esse sufixo.

Retros**aria**	
Pastel**aria**	
Sapat**aria**	
Charcut**aria**	
Pad**aria**	
Joalh**aria**	
Papel**aria**	
Livr**aria**	
Drog**aria**	
Frut**aria**	

Unidade 9

5. Pense na sua cidade ou no seu país e responda às seguintes perguntas.

1. É facil devolver um artigo que se comprou?
   Que tipo de produtos não se podem devolver?

2. É normal os clientes "regatearem" um pouco o preço dos produtos?

3. Que formas de pagamento é que os consumidores podem usar?
   Quais são as mais comuns, tendo em conta os artigos que se adquirem?

4. É habitual recorrerem à venda em prestações?

5. Existem lojas que têm os seus próprios cartões de crédito?

6. Os vendedores são normalmente simpáticos?
   Acha que habitualmente eles tentam pressionar o cliente a comprar algo?

7. Existe uma organização de Defesa do Consumidor? Em caso afirmativo, acha que essa organização funciona bem? Já alguma vez recorreu a essa organização?

6.

1. Leia o seguinte inquérito à qualidade de um determinado serviço e diga a que tipo de serviço se poderá referir? Justifique a sua opinião e discuta-a com os seus colegas.

SERVIÇO		COM QUE FREQUÊNCIA NOS PROCURA?
RECEÇÃO / ACOLHIMENTO	☺ ☺ ☹ ☹	☺ MAIS DE UMA VEZ POR MÊS
ATENDIMENTO / SIMPATIA	☺ ☺ ☹ ☹	☺ EM MÉDIA, UMA VEZ POR MÊS
ENTREGA CORRETA DOS PRODUTOS SOLICITADOS	☺ ☺ ☹ ☹	☹ DE DOIS EM DOIS MESES
TEMPO DE ESPERA	☺ ☺ ☹ ☹	☹ OCASIONALMENTE
PRODUTO		SATISFAÇÃO GLOBAL ☺ ☺ ☹ ☹
CONFEÇÃO	☺ ☺ ☹ ☹	MUITO SATISFEITO / SATISFEITO / INSATISFEITO / MUITO INSATISFEITO
TEMPERATURA	☺ ☺ ☹ ☹	Data: ___/___/_____
RELAÇÃO QUALIDADE / PREÇO	☺ ☺ ☹ ☹	SEJA FRANCO. DÊ-NOS A SUA OPINIÃO E COMO MELHORAR.
HIGIENE		
LIMPEZA DAS INSTALAÇÕES (EM GERAL)	☺ ☺ ☹ ☹	SE O ESPAÇO NÃO FOR SUFICIENTE USE O VERSO

Posso experimentar?

2. O que pensa deste tipo de questionários? Concorda com a sua realização? Acha que ajudam realmente a melhorar os serviços? Já alguma vez respondeu a algum inquérito deste tipo?

7. Os Centros Comerciais

1. Leia o texto.

Em Portugal, os centros comerciais estão cada vez mais na moda. Não falamos de pequenos centros comerciais, mas de enormes espaços, onde tudo se pode encontrar.
O Centro Colombo, em Lisboa, é um bom exemplo desses espaços. Podemos começar o dia a fazer as nossas compras no hipermercado, que põe à disposição do cliente todo o tipo de produtos. Depois das compras feitas, arrumamo-las no carro, que se encontra no parque de estacionamento, e dirigimo-nos à área de restaurantes para podermos decidir onde almoçar. No caminho, e porque ainda temos uma ou duas horas, passamos pelos vários corredores de lojas, pois é sempre possível encontrar alguma coisa que podemos comprar. Depois do almoço, porque não irmos a uma das 11 salas de cinema e aproveitarmos para ver aquele filme de que tanto ouvimos falar?
Antes de voltarmos para casa, ainda há tempo para nos deliciarmos com um gelado ou com um bolo cheio de creme.
Finalmente, voltamos para casa e, assim, passámos um dia sem apanharmos nem frio, nem calor, nem chuva. É assim que alguns portugueses passam o sábado ou o domingo, em especial, quando o tempo não está muito agradável para grandes passeios.
Vamos ao centro comercial?

2. Desenvolva as seguintes questões.

1. Porque será que tantas pessoas gostam de passar horas nestes espaços comerciais?

2. Na sua cidade, ou no seu país, também existem centros comerciais do género que é referido no texto?

3. Acha que o comércio tradicional é afetado por estes centros? Na sua opinião, o comércio tradicional deveria ser preservado? Que medidas deveriam ser tomadas?

4. No seu caso, preferia fazer todas as suas compras no comércio tradicional ou num (hiper) centro comercial como o Colombo?

Unidade 9

B. Os gastos dos portugueses

1.

1. Leia o texto.

Quase todos partilham a opinião de que os jovens dos países do sul da Europa gostam de vestuário. Em Portugal, as indústrias nacionais são a têxtil e a do calçado; portanto, só nos fica bem gastar uma boa parte do nosso rendimento em roupas e sapatos. Somos, de facto, dos melhores da Europa neste exercício.

Segundo um estudo feito pelo Eurostat (Instituto de Estatística da União Europeia), são os jovens dos países do sul quem mais se preocupa em vestir roupa de marca. Quando não podem cair em tal tentação, optam por ir às feiras, onde se vendem falsificações, por vezes perfeitas, das mais prestigiadas marcas.

Já o lazer e a cultura parecem ocupar um lugar menos importante no orçamento dos jovens portugueses.

Comer e beber, em casa e nos restaurantes, dormir em hotéis e vestir "bem", são os pequenos luxos que muitos portugueses preferem.

No quadro que se segue podemos analisar como as famílias portuguesas gastam os seus orçamentos familiares.

Texto adaptado, retirado da revista *Notícias Magazine*

Orçamento familiar *(percentagem aproximada)*	
Habitação, água, eletricidade e outros combustíveis	23%
Produtos alimentares, bebidas e tabaco	22%
Transportes e comunicações	17%
Outros bens e serviços	12%
Móveis, artigos de decoração, equipamento doméstico	7%
Vestuário e calçado	6%
Espetáculos, instrução, cultura e lazer	6%
Serviços médicos e de saúde	5%
Outras despesas	2%

2.

1. Das informações que obteve no texto e nos dados que constam do quadro quais foram as que mais o/a supreenderam?

2. Pense no caso do seu país e diga onde as famílias gastam, prioritariamente, o seu dinheiro. Tente criar um quadro semelhante ao incluído no texto e refira as maiores diferenças.

3. Pense no seu caso e refira como gere o seu orçamento. Quais são as prioridades para os seus gastos?

Posso experimentar?

Vocabulário: formas de pagamento

2. Existem muitas formas de pagamento de bens e serviços. No quadro encontram alguns bens e serviços e as formas mais comuns de os pagar em Portugal. Pense no seu caso e assinale com um círculo (◯) as que são mais comuns.

	Multibanco (cartão de débito)	Visa (cartão de crédito)	Cheque	Transferência bancária	Dinheiro	Prestações (crédito)
Compras no supermercado	X	X			X	
Restaurante	X	X			X	
Hotel	X	X	X			
Conta do telefone	X			X		
Peças de vestuário	X	X	X		X	
Gasolina	X	X			X	
Automóvel			X			X
Café					X	
Eletricidade	X			X		
Bilhete de avião	X	X	X			
Bilhete de metro					X	
Passe	X				X	
Seguro	X		X			
Sofá	X	X	X			X
Televisão	X	X	X			X

3.

Compreensão oral

1. Ouça os diálogos e assinale onde cada um se passa.

Diálogo A	
Diálogo B	
Diálogo C	

2. Ouça novamente cada diálogo e responda às perguntas.

> **Diálogo A**
> 1. Que fruta é que a cliente leva?
> 2. Que tipo de laranjas é que ela prefere?
> 3. Quanto é que ela pagou?

Unidade 9

Diálogo B
1. O que é que o cliente compra?
2. Quantos gramas de fiambre é que ele deseja?
3. Quanto é que ele pagou?

Diálogo C
1. Quantos botões é que ela leva?
2. O que é que ela decide fazer ao casaco?
3. Quanto é que ela pagou no final?

4. Nos diálogos ouviu os <u>antónimos</u> dos seguintes adjetivos. Escreva-os.

doces	
verdes	
más	
grossas	
diferentes	

Compreensão oral; Vocabulário

C. Ortografia e pronúncia: *g* ou *j*?

As letras *g* e *j* antes das vogais *e* / *i* têm exatamente a mesma pronúncia. Complete as palavras que se seguem com *g* ou com *j* e, em seguida, ouça--as e repita-as.
Verifique se conhece os significados de todas as palavras.

a____enda   su____estão
____eito   cora____em
su____eito   fin____ir
re____eitar   ____entil
a____itar   tra____eto
____iro   paisa____em

Apêndice Gramatical

1 Contração pronominal

Em português é possível fazer a contração dos **pronomes pessoais de complemento direto** e **indireto**, desde que não cause problemas para a compreensão da frase.

Assim, sempre que queremos fazê-lo, temos que contrair as duas formas de pronomes de complemento na seguinte ordem: **indireto** + **direto**.

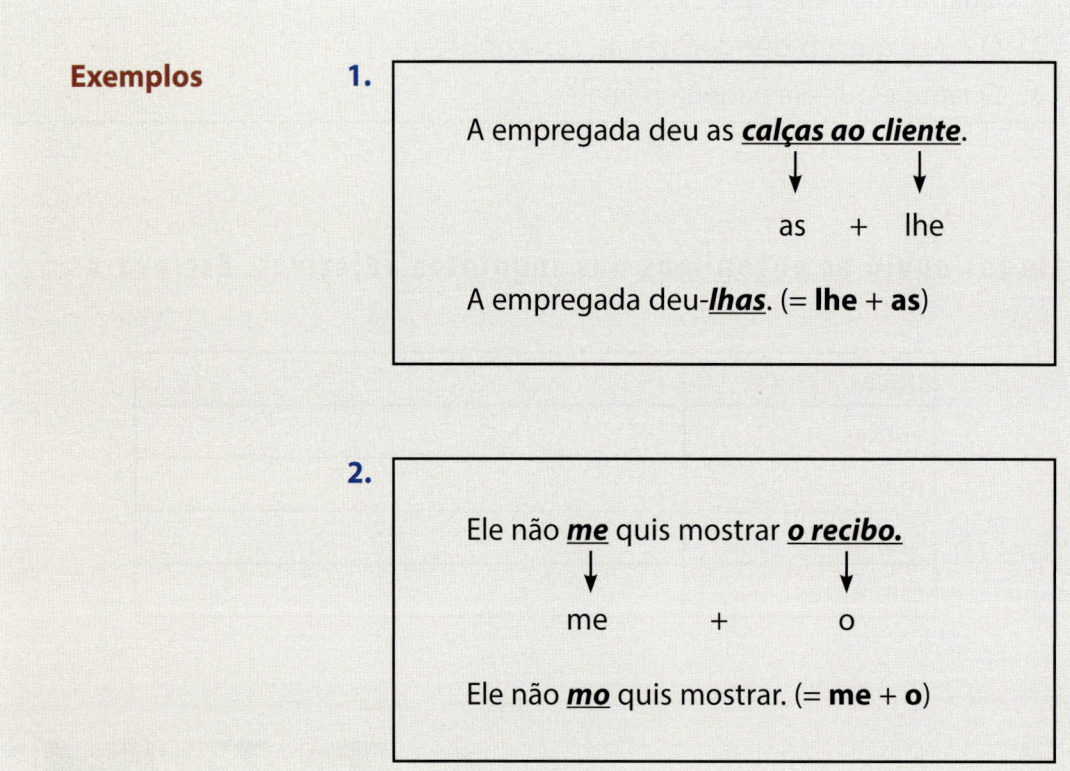

Exemplos

1.
A empregada deu as **calças ao cliente**.
as + lhe
A empregada deu-**lhas**. (= **lhe** + **as**)

2.
Ele não **me** quis mostrar **o recibo.**
me + o
Ele não **mo** quis mostrar. (= **me** + **o**)

122

Unidade de Revisão 3

1. Complete o crucigrama de acordo com as definições:

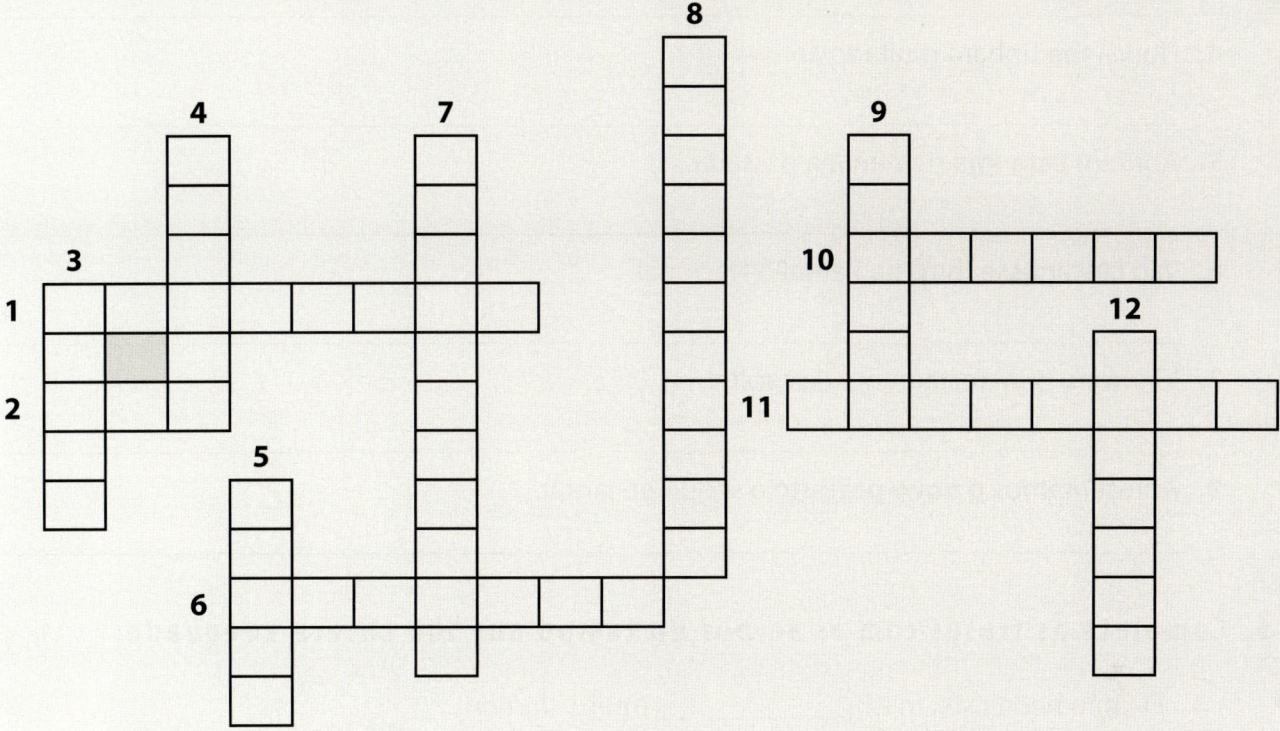

1. Profissional que corta o cabelo e a barba aos homens
2. Pai do pai
3. Membro superior do corpo humano
4. Pessoa que rouba
5. Lugar onde vamos depositar o dinheiro
6. O que nós lemos no jornal (sing.)
7. Loja que vende queijos, fiambre, presunto e outros enchidos
8. Medicina alternativa que trata os pacientes com agulhas que são espetadas em pontos específicos do nosso corpo
9. Papel comprovativo de pagamento
10. Colisão (entre dois veículos)
11. Parte do braço que permite dobrá-lo
12. Papel escrito pelo médico com o nome dos medicamentos que o doente tem de tomar

2. Passe as frases para a **Voz Passiva**. Comece pela palavra sublinhada, mas não se esqueça de que tem de modificá-la, quando se trata de um pronome (essa modificação já está feita no nº 1).

1. A polícia apanhou-**o** em flagrante.
   Ele _____.

2. Faremos **esse trabalho** em 5 dias.
   _____.

Unidade de Revisão 3

3. O médico passou **esta receita**.
   _____.

4. Nunca **me** tinham multado antes.
   _____.

5. Abriram **esta loja** na semana passada.
   _____.

6. Vão lançar **esse livro** no Panteão Nacional.
   _____.

7. Viram-**na** num restaurante da capital.
   _____.

8. Apresentámos **o novo produto** a seguir ao jantar.
   _____.

3. Complete as frases com os verbos no tempo que lhe parece adequado.

1. Ele não bebe café, mas _____ muito. (*fumar*)
2. Cuidado, Sr. Antunes _____ as escadas devagar. (*descer*)
3. Nós também _____ para essa festa. (*convidar*)
4. Quando passámos, ela _____ na paragem do autocarro. (*estar*)
5. Quando a inauguração começou, tu ainda não _____. (*chegar*)
6. _____ o jornal em cima da minha secretária, se não se importa. (*pôr*)
7. Tu _____ à aula ontem e não _____ a Marina? (*vir – ver*)
8. Ontem, os presentes _____ em frente dos convidados. (*abrir*)
9. Apesar de _____ o jornal todos os dias, gostamos de ver o noticiário. (*ler*)
10. O almoço _____ dentro de 10 minutos. (*servir*)

4. Junte cada verbo com uma expressão de cada coluna.

Verbo	Expressão	Expressão
1. ler	a. uma receita	a. sol
2. marcar	b. em dinheiro	b. um cheque
3. apanhar	c. um táxi	c. um doce
4. ter	d. um comprimido	d. um restaurante
5. passar	e. uma notícia	e. um encontro
6. provar	f. uma consulta	f. a barriga
7. tomar	g. uma camisola	g. com cartão de crédito
8. experimentar	h. a garganta	h. o jornal
9. doer	i. uma comida	i. dores de cabeça
10. pagar	j. febre	j. banho

5. Complete o quadro.

a devolução	
	receitar
a marcação	
o reembolso	
a receção	
	garantir
	criticar
	evoluir
a diminuição	
	tratar

6. Complete as frases com as formas corretas dos Particípios: regular ou irregular.

1. A roupa já está _____. (*secar*)
2. O ladrão foi _____ quando estava a sair da loja. (*prender*)
3. Quando cheguei a casa, alguém tinha _____ as luzes. (*acender*)
4. A polícia já tinha _____ esse ladrão no ano passado. (*prender*)
5. Porque é que as luzes estão _____? (*acender*)
6. Cinco militares foram _____ durante o ataque. (*matar*)
7. O teu casaco está _____. (*romper*)
8. Ela foi a casa mudar de roupa, porque tinha _____ as calças. (*romper*)
9. Antes das férias ele já tinha _____ todo o dinheiro do subsídio. (*gastar*)
10. Essa equipa tem _____ todos os jogos. (*ganhar*)

Aonde vamos no Santo António?

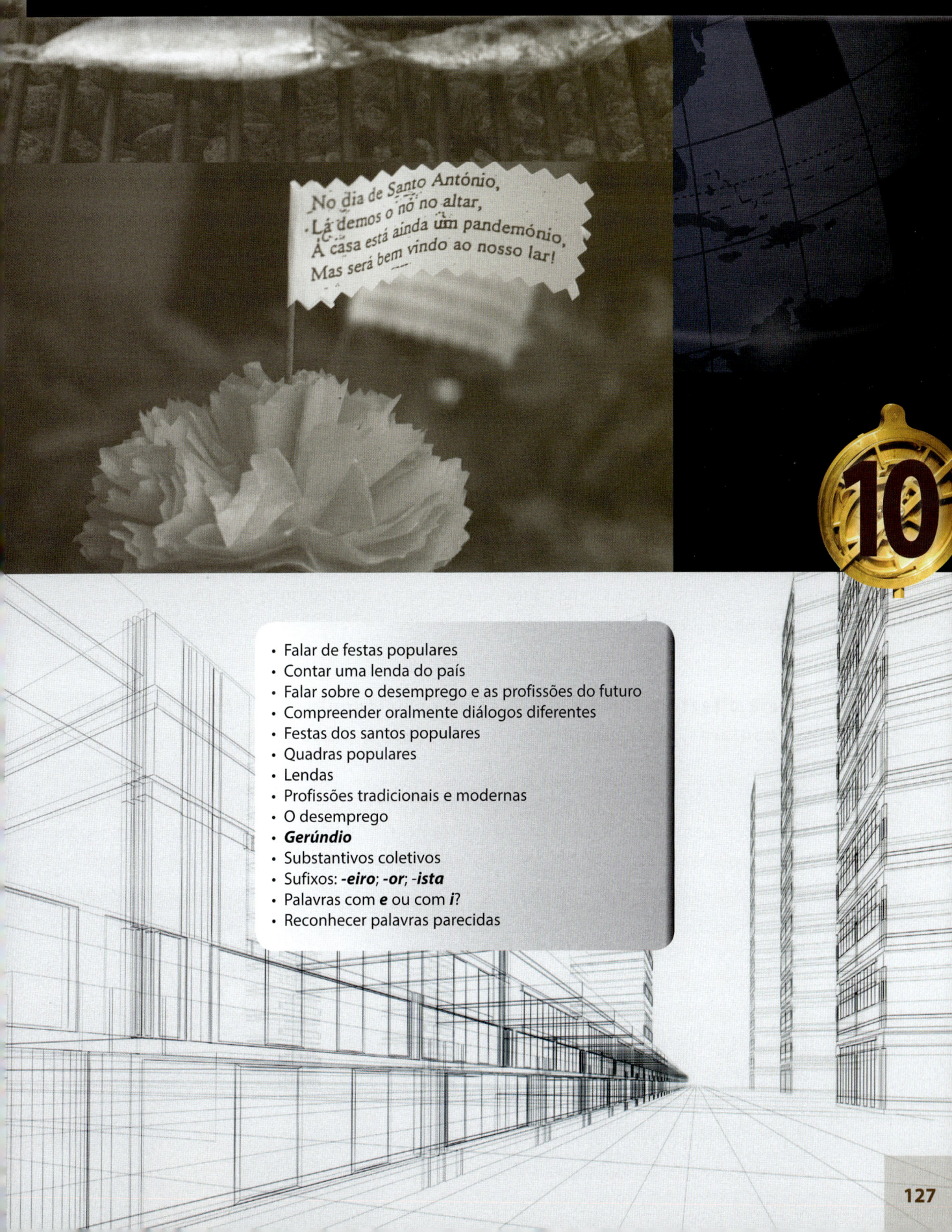

No dia de Santo António,
Lá demos o nó no altar,
A casa está ainda um pandemónio,
Mas será bem vindo ao nosso lar!

- Falar de festas populares
- Contar uma lenda do país
- Falar sobre o desemprego e as profissões do futuro
- Compreender oralmente diálogos diferentes
- Festas dos santos populares
- Quadras populares
- Lendas
- Profissões tradicionais e modernas
- O desemprego
- **Gerúndio**
- Substantivos coletivos
- Sufixos: *-eiro*; *-or*; *-ista*
- Palavras com *e* ou com *i*?
- Reconhecer palavras parecidas

Aonde vamos no Santo António?

A. Aonde vamos no Santo António?

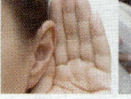

1. Aonde vamos no Santo António? Antes de ler, ouça o diálogo e responda oralmente às seguintes perguntas:

1. Aonde é que a Marina foi no ano passado?
2. Aonde é que ela quer ir este ano?
3. Quantas pessoas é que eles vão convidar?
4. O que é que eles vão fazer antes de irem para Alfama?
5. Porque é que o Vítor não quer ir tarde para Alfama?

Ouvir, compreender e ler

Vítor: Aonde vamos no Sto. António?
Marina: No ano passado, não fui a lado nenhum, mas este ano apetecia-me ir a Alfama comer umas sardinhas assadas. O que é que achas?
Vítor: Acho que é uma boa ideia. Dizemos ao Tó e à Xana e vamos todos.
Marina: Boa! Mas, primeiro, vamos ver um pouco do desfile das marchas na avenida.
Vítor: Mas só durante uma meia hora; não quero chegar a Alfama muito tarde. Se vamos muito tarde, é uma confusão enorme e é difícil arranjar uma mesa.
Marina: Está combinado.

2.

1. Leia o texto e fique a saber como os portugueses celebram os Santos Populares, em especial o Santo António e o São João.

Ler: os Santos Populares

No mês de junho festejam-se, um pouco por todo o país, os santos mais populares: o Santo António, o São João e o São Pedro. Em Lisboa, na véspera do dia de Santo António, dia 13 de junho, feriado da cidade, as ruas dos bairros populares estão decoradas e cheias de cores para receberem as pessoas que vão procurar um ambiente de diversão, com música popular e boa sardinha assada, acompanhada com vinho ou cerveja.
Na Avenida da Liberdade cada bairro popular tem os seus representantes que desfilam, cantando, dançando e exibindo os fatos e as músicas propositadamente criados para a ocasião. No final só um será vencedor.

Unidade 10

Na cidade do Porto é o São João, o Santo Padroeiro, que na noite de 23 de junho dá ocasião à grande festa que todos os anos atrai uma autêntica multidão às ruas da cidade. Por todo o lado há música, sardinhas assadas, vinho e os famosos martelinhos e alhos-porros, preparados para acertar nas cabeças dos vizinhos. A festa continua pela noite fora, não esquecendo o fogo de artifício sobre o Rio Douro, que proporciona uns momentos inesquecíveis.

O São Pedro, no dia 29, é festejado noutras cidades, vilas e aldeias, onde também não falta diversão, com bailaricos, vinho e as famosas sardinhas.

2.
1. Quais são as maiores diferenças entre os festejos em Lisboa, pelo Santo António, e no Porto, pelo São João?
2. Existe no seu país alguma festa popular deste tipo? Fale sobre ela aos seus colegas.

Oralidade

3. O Santo António é considerado um santo casamenteiro; o santo que faz milagres de amor. Por isso, vendem-se pelas ruas manjericos, muitos deles com quadras populares de amor que se oferecem aos namorados. No entanto, também é possível encontrar quadras relacionadas com amizade ou com os santos populares.

Leia algumas quadras populares relacionadas com esta época.

Ler: quadras de Sto. António

O vaso que dei àquela
Que não sabe quem lho deu
Há de ser posto à janela
Sem ninguém saber que é meu.

O manjerico comprado
Não é melhor que o que dão.
Põe o manjerico ao lado
E dá-me o teu coração.

Aonde vamos no Santo António?

> Tenho um desejo comigo
> Que hoje te venho dizer:
> Queria ser teu amigo
> Com amizade a valer.

> Manjerico que te deram
> Amor que te querem dar...
> Recebeste o manjerico.
> O amor fica a esperar.

Vocabulário: substantivos coletivos

4. Relacione os substantivos coletivos, que se encontram no quadro *A*, com a definição adequada do quadro *B*.

A	B
1. multidão	a. grupo de jogadores
2. equipa	b. grupo de alunos
3. turma	c. grande grupo de pessoas
4. pomar	d. grupo de espectadores
5. quadrilha	e. grupo de músicos
6. orquestra	f. conjunto de árvores de fruto
7. assistência	g. grupo de ladrões

Ler e compreender

5. O dia de São Martinho

1. Costuma celebrar o dia de São Martinho?
   Leia o texto e saiba como os portugueses o celebram.

"No dia de São Martinho, mata o teu porco e prova o teu vinho" — diz o povinho, lambendo o beicinho...

O dia de São Martinho, dia 11 de novembro, está associado, desde há muito tempo, à abertura e à prova do vinho novo, feito semanas antes, por volta de finais de setembro, ou início de outubro.
Como é a época das castanhas, realizam-se, por todo o lado, *magustos* bem animados, que proporcionam momentos de confraternização popular.
Como diz o povo: "Dia de São Martinho, lume, castanhas e vinho".

Unidade 10

Ouvir, ler e falar

2. Conhece a lenda de São Martinho? Ouça e leia o texto que lhe conta essa lenda e tente recordar-se de alguma lenda popular do seu país e conte-a aos seus colegas.

Conta a lenda que, há muitos anos, um general romano, quando chegou a altura de escolher o nome para o seu filho, lhe chamou "Martinho", em homenagem a Marte – o Deus da guerra. Esse menino cresceu e, quando já era cavaleiro, um dia em que andava a fazer a ronda, viu um velho mendigo cheio de fome e de frio.
O dia estava de chuva e frio e as poucas roupas do velho estavam encharcadas. Martinho, que era bondoso e gostava de ajudar as pessoas mais pobres, ao ver o velho mendigo, ficou cheio de pena dele. Então, com a sua espada, cortou ao meio a sua grossa capa e ofereceu-lhe metade.
Passado pouco tempo, a chuva parou e apareceu no céu um sol quente e brilhante. Diz o povo que, no dia de São Martinho, todos os anos o sol brilha como no verão: o *verão de São Martinho*.

6.

Vocabulário: relacionar

1. Relacione cada data especial que se encontra no quadro *A* com uma das expressões do quadro *B*.

A	B
1. dia de São Valentim	a. máscaras
2. dia das bruxas	b. peru
3. dia de Ação de Graças	c. castanhas
4. Carnaval	d. abóboras
5. dia de São Martinho	e. fogo de artifício e passas
6. dia 31 de dezembro	f. amêndoas e ovos
7. Páscoa	g. sardinhas assadas
8. dia de Santo António	h. cartões de amor

Oralidade

2. Quais destas datas se celebram no seu país? Como se comemoram esses dias?

Aonde vamos no Santo António?

B. Profissões tradicionais (e não só)

1.

1. Leia o texto e fique a conhecer algumas das profissões tradicionais que ainda subsistem em Portugal.

Em Portugal ainda é possível encontrar algumas profissões bem antigas, em plena cidade, como é o caso de Lisboa.
Quem passeia pelas ruas da capital, e não necessariamente pelos bairros populares, pode deparar com profissionais que, se calhar, o vão surpreender.

O *engraxador* é uma figura que, ora em determinados cafés, ora em certas ruas ou esquinas, recebe os clientes que gostam de andar com os sapatos sempre a brilhar.

O *sapateiro*, que ainda repara os sapatos à moda antiga, não tem mãos a medir para tantos fregueses que todos os dias lhe levam sapatos e botas a necessitar do seu trabalho.
Meias solas, capas, agulhas fortes para coser, tudo o que os seus sapatos necessitam, se encontra no sapateiro, que sabe bem como tratar do seu calçado.

O (ou a) *vendedor(a) de castanhas* (homem ou mulher) aparece no outono e enche as ruas com o cheiro delicioso das castanhas acabadas de assar.
Muitas pessoas não resistem e lá levam o seu cartucho com as doze castanhas da ordem, sempre "quentes e boas".

Unidade 10

O *amolador* é uma figura, hoje mais rara, mas ainda bem possível de encontrar.
Tocando a sua gaita de beiços, o amolador anuncia a sua passagem a todos os que têm em casa facas para afiar ou chapéus de chuva para reparar.

2.

1. Alguma das profissões referidas o/a surpreendeu? Porquê?

2. Quais destas profissões existem no seu país?

3. Lembra-se de alguma outra profissão tradicional, ou antiga, como estas e que ainda exista no seu país? Ou será que em alguma viagem que fez a um país estrangeiro encontrou profissões deste tipo?
Explique aos seus colegas o que fazem essas pessoas.

2. Muitas profissões podem ser agrupadas, conforme os *sufixos* que têm em comum. Diga o que se faz em cada uma destas profissões.

-eiro	-or	-ista
Barb**eiro**	Locut**or**	Estil**ista**
Cart**eiro**	Pesca**dor**	Dent**ista**
Tour**eiro**	Escrit**or**	Futebol**ista**
Cautel**eiro**	Pint**or**	Jornal**ista**
Carpint**eiro**	Apresenta**dor**	Eletrici**sta**
Bomb**eiro**	Agricult**or**	Cient**ista**
Engenh**eiro**	Canaliza**dor**	Rececion**ista**
Cabeleir**eiro**	Profess**or**	Econom**ista**

3. Discuta com os colegas as seguintes questões.

1. O desemprego é um problema que afeta muitas pessoas em muitos países diferentes. Acha que esta situação se deve principalmente à automatização, à informatização e aos avanços tecnológicos? Deveríamos criar condições para a preservação das profissões artesanais?

2. Quais são as consequências dos permanentes avanços tecnológicos no mundo do trabalho? Quais serão as novas profissões do futuro e quais aquelas que acha que irão desaparecer?

Aonde vamos no Santo António?

4. Ouça os seguintes diálogos:

1. Com que profissional é que cada diálogo se passa?

Diálogo A	
Diálogo B	

2. Responda às perguntas sobre os diálogos.

Diálogo A
1. De quem são os sapatos que a D. Luísa leva?
2. De que é que os sapatos precisam?
3. Quando é que a D. Luísa pode ir buscá-los?
4. Porque é que a D. Luísa tem tanta pressa de ter os sapatos arranjados?

Diálogo B
1. Em que época é que se passa o diálogo?
2. O que é que o senhor compra?
3. Porque é que o número tem de terminar em 7?

C. Ortografia e pronúncia: *e* ou *i*

1. Em algumas palavras os sons do *e* e do *i* podem confundir-se, dando origem a dúvidas na ortografia. Ouça as palavras e escreva a letra que lhe parece correta. Em seguida, repita-as.

sem___ar
ad___ar
prat___ado
nom___ar
def___nir
pass___ar
esqu___sito

estr___ar
l___ão
F___lipe
cand___eiro
ól___o
___levado
r___al

Oralidade: expressar opinião e argumentar

Unidade 10

2.

1. Ouça e assinale a palavra que ouviu.

2. Ouça cada par de palavras e repita-as.

massa	maçã
vêm	veem
moro	morro
queixo	queijo
fico	figo
doze	dois
treze	três
casar	caçar
lavar	levar
pau	pão
pais	país
pés	peixe
vaca	faca
quarto	quatro
melão	milhão

Apêndice Gramatical

1 Gerúndio

Verbos terminados em:		
-ar	**-er**	**-ir**
-ando	-endo	-indo

O **Gerúndio** usa-se para:

1. Substituir uma oração coordenada.

> **Exemplos**
> S. Martinho rasgou a sua capa ao meio e **deu** ao pobre mendigo metade.
> S. Martinho rasgou a sua capa ao meio, **dando** ao pobre mendigo metade.

2. Expressar condição.

> **Exemplos**
> **No caso de estar** bom tempo amanhã, vamos ver as marchas.
> **Estando** bom tempo amanhã, vamos ver as marchas.

3. Indicar modo.

> **Exemplos**
> As pessoas desfilam pela avenida **a dançar** e **a cantar**.
> As pessoas desfilam pela avenida, **cantando** e **dançando**.

4. Exprimir uma circunstância de tempo.

> **Exemplos**
> **Quando chegarmos** a Alfama, vamos logo comer sardinhas assadas.
> **Chegando** a Alfama, vamos logo comer sardinhas assadas.

Nota: Em algumas regiões de Portugal e no Brasil usa-se a forma **estar + Gerúndio**, em vez de **estar a + Infinitivo**.

> **Exemplos**
> **Estou a ver** as marchas populares.
> **Estou vendo** as marchas populares.

2 Substantivos coletivos

São palavras que se usam no singular, apesar de se referirem a um grupo de pessoas, animais ou coisas.

> **Exemplos**
> Uma enorme **multidão** encheu as ruas.
> A **assistência** aplaudiu o espetáculo.
> A **equipa** jogou muito bem.
> Os pescadores têm uma **frota** de dez barcos.
> A **tripulação** do avião deu as boas-vindas aos passageiros

136

Chegando no Rio de Janeiro.

- Conhecer diferenças entre Português Europeu e Português do Brasil
- Compreender o Português do Brasil
- Conhecer diferentes visões sobre o Rio de Janeiro
- Expressar opinião
- Vida no Rio de Janeiro (diferentes visões)
- Na lanchonete
- No hotel
- Na loja de câmbio
- No restaurante
- *estar + Gerúndio*
- Uso de *você*
- Posição pronominal
- Possessivos sem artigo
- Diferenças entre Português do Brasil e Português Europeu

Chegando no Rio de Janeiro.

A. Chegando no rio de janeiro.

1.

1. Ouça o texto.

Três amigos se *encontram*, depois de muitos anos separados, para fazer uma viagem ao Rio de Janeiro: Marina, Akira e William. Marina nasceu no Rio de Janeiro, mas já vive há muito tempo na Suécia. Ela é jornalista e vai ao Brasil fazer uma reportagem sobre as condições das mulheres. Akira nasceu em São Paulo, *seus* bisavós emigraram para o Brasil no início dos anos 20. Akira vive *atualmente* em Tóquio, onde trabalha numa ONG (Organização Não--Governamental) que desenvolve *projetos* de *proteção* ambiental. William é norte-americano e nasceu em Nova Iorque. O pai dele é brasileiro, por isso William tem muito interesse em conhecer e viver no Rio de Janeiro. Ele decidiu trabalhar por seis meses numa escola de línguas no Rio.

O Rio de Janeiro é a cidade brasileira mais conhecida no mundo. É uma cidade com mais de 5 milhões de habitantes. A beleza da cidade e a simpatia de seus moradores sempre encantaram os viajantes. Nossos amigos chegaram no início do *verão*, em *dezembro*.

Os três amigos estão muito animados por estarem no Rio de Janeiro. Afinal, é sempre bom poder viajar e conhecer outra realidade, diferente daquela à qual estamos habituados. A aventura *está começando* agora...

2. Responda às seguintes questões.

1. Quais são os interesses profissionais do Akira?
2. O que é que a Marina vai fazer no Brasil?
3. Na sua opinião, qual deles tem a profissão mais interessante?
4. Quais é que têm laços familiares com o Brasil?
5. Concorda com a afirmação de que "O Rio de Janeiro é a cidade brasileira mais conhecida no mundo"?

Unidade 11

3. Agora leia o texto e anote as diferenças encontradas, em relação à gramática entre o Português do Brasil e o Português Europeu.

Português do Brasil	Português Europeu

4.

1. Diga quais são as suas ideias sobre a cidade do Rio de Janeiro.

2. Fale sobre as ideias positivas e negativas que tem sobre o Brasil.

3. Conhece o trabalho de alguma Organização Não-Governamental? Fale um pouco aos seus colegas sobre aquilo que conhece e sobre a importância que considera que essas organizações têm.

2.

1. Antes de ler, ouça o diálogo e responda às perguntas.

Chegando no Rio de Janeiro.

Akira: Veja, o avião **está aterrizando**. Nossa, como é bonita a cidade do Rio de Janeiro! É completamente diferente de Tóquio. Estou muito ansioso para chegar logo. É minha primeira vez no Rio.

Marina: É mesmo bonita! Desde que saí do Brasil, esta já é a terceira vez que venho aqui. Mas a sensação é como da primeira vez. Ao olhar pela janela não sabemos se somos nós que **estamos chegando no*** Rio de Janeiro ou se é o Rio de Janeiro que **está chegando em*** nós.

William: Vejo que você está muito inspirada hoje, Marina. Será que é porque **está fazendo** muito sol e você quer ir logo **na*** praia? **Me disseram** que no Rio de Janeiro os cariocas passam a maior parte do tempo na praia, **jogando futevôlei**, **frescobol**** e voleibol. Ou então, **estão bebendo** um **chopinho** no bar. Claro que sei que isso é um **estereótipo**. A vida para muitas pessoas não é assim. O que é uma pena!

Marina: Não é nada disso, William. Estou contente, porque, finalmente, poderei terminar minha reportagem sobre as mulheres brasileiras. Soube que **estão acontecendo** muitas mudanças no Brasil. E é sempre bom acompanhar a situação das mulheres.

Akira: Amigos, **estamos falando** demais! Olhem pela janela, senão **acabarão perdendo** o **espetáculo** maior: o pôr do sol.

* No português **coloquial** brasileiro há uma preferência pelo uso da preposição **em**, no lugar da preposição **a** com verbos de movimento. Por exemplo: Maria vai **na** farmácia; Pedro vai **no** teatro.

** **Futevôlei** - desporto misto de futebol e voleibol praticado nas praias cariocas. Semelhante ao voleibol, é, no entanto, jogado com as pernas. **Frescobol** - desporto de praia jogado com raquetes e bola.

Falar: compreensão do diálogo

2.
1. Cada aluno faz uma pergunta ao colega sobre o diálogo.
2. Acha que os cariocas se divertem de forma diferente das pessoas do seu país?
3. Ouviu falar de mudanças no Brasil? Em que aspetos?
4. Na sua opinião, existe uma situação de igualdade entre homens e mulheres no seu país?

Gramática, vocabulário e ortografia

3. **Aponte novamente as diferenças encontradas no texto do diálogo, em relação às diferenças na ortografia, no vocabulário e na gramática entre o Português do Brasil e o Português Europeu.**

Unidade 11

Português do Brasil	Português Europeu

B. Três visões sobre o Rio de Janeiro

1.

1. Leia os textos.

A

Maria Aparecida tem 40 anos. Ela nasceu em Salvador, capital da Bahia, mas vive há 25 anos no Rio de Janeiro. Aos 15 anos, começou a trabalhar como empregada doméstica. Trabalhava durante o dia e estudava à noite. A vida não era fácil, mas Maria Aparecida conseguiu terminar os estudos e melhorar a sua vida. Hoje, ela trabalha por conta própria e é uma costureira muito talentosa. Casou-se e tem dois filhos. Seu marido é mecânico de automóveis. Maria Aparecida gosta muito do Rio de Janeiro e até construiu sua casa com a ajuda dos vizinhos. Esta baiana costuma dizer que: "No Rio, é melhor ter amigos do que dinheiro, porque as relações sociais são solidárias".

B

Raquel Silva é "carioca da gema*". Mas seus pais vieram de Pernambuco. Ela tem 34 anos e é professora de História. Mora no Leme, em frente à praia, e leva uma vida tranquila e sadia: faz caminhadas à tarde no calçadão**, costuma sair com os amigos aos fins de semana para Búzios e às terças e quintas-feiras, à noite, joga capoeira*** com o seu grupo. Trabalha em duas escolas da rede pública de ensino. Raquel sabe que é uma privilegiada, porque a sua vida é muito diferente da vida da maioria das pessoas. No Rio de Janeiro, grande parte da população vive nas favelas em condições muito precárias. Segundo a Raquel, apesar das condições difíceis, os moradores das favelas conseguem organizar-se e solucionar alguns problemas, criando infraestruturas tais como creches, cooperativas e associações que melhoram um pouco a vida. Raquel diz que a "esperança é a última que morre".

* *carioca da gema* – Pessoa que nasceu ou vive na cidade do Rio de Janeiro.
** *calçadão* – Passeio à beira-mar, muito frequente nas cidades brasileiras do litoral.
*** *capoeira* – Dança / luta brasileira de origem africana.

Chegando no Rio de Janeiro.

C

Ana Claudia dos Santos é engenheira metalúrgica. Estudou na UFRJ, Universidade Federal do Rio de Janeiro, e fez mestrado em resistência de materiais. Trabalhou durante muitos anos numa empresa de petróleo na Amazônia. Durante o período em que lá esteve, sempre se lembrava com saudade dos seus amigos do Rio de Janeiro, da vida descontraída e das muitas atividades culturais que ela podia fazer. Muitos dos seus colegas diziam que o Rio de Janeiro é uma cidade violenta e perigosa. Mas Ana Claudia sempre respondia que, mesmo apesar da violência, é muito difícil ficar triste ou aborrecida, e cantava: "O Rio de Janeiro continua lindo, o Rio de Janeiro continua sendo, o Rio de janeiro, fevereiro e março...". E completava, dizendo que o problema da violência era também um problema de muitas outras metrópoles.

Compreensão oral

 2. Agora ouça os textos e teste a sua compreensão oral.

Falar: compreensão do texto

3. Responda às seguintes perguntas.

1. Na sua opinião, a que se deve o sucesso da mulher do texto A?
2. Porque é que acha que a mulher do texto A afirma que no "Rio é melhor ter amigos do que dinheiro"?
3. Que características pode destacar em relação à mulher do texto B?
4. O que é que a mulher do texto B pensa em relação ao problema das favelas?
5. Como é que a mulher do texto C vê a questão da violência no Rio de Janeiro?
6. Compare a mulher do texto A com a do texto C e destaque as semelhanças e as diferenças.
7. O que é que ficou a saber sobre a cidade do Rio de Janeiro, depois de ler a visão das três mulheres? Se conhece esta cidade, comente as suas visões.

Expressão oral

2. Dos desportos ou atividades que se seguem e que são mais populares no Brasil, diga qual é aquele(a) que você conhece ou pratica. Enumere as vantagens em praticá-lo(a).

natação	basebol
futebol	*squash*
ténis	golfe
voleibol	basquetebol
futevólei	vólei de praia
capoeira	frescobol

Unidade 11

Gramática: uso do Gerúndio

3. Repare nas seguintes frases abaixo.

> O Carlos agora **está a fazer** os exames.
> O Carlos **está fazendo** os exames.

A primeira frase encontra-se no Português Europeu e é equivalente à segunda, que reflete a forma usada no Brasil e em algumas regiões de Portugal. Passe para a forma brasileira os exemplos que se seguem:

1. A Marina *está a ver* televisão.
   _____.

2. O Paulo e a Marta *estão a falar* sobre futebol.
   _____.

3. Nós *estamos a terminar* de ler o livro.
   _____.

4. Eu ainda *estou a pensar* sobre o assunto.
   _____.

5. Você *está a imaginar* coisas.
   _____.

Compreensão oral

4. Ouça os diálogos e responda.

1. Onde se passa cada diálogo? Ligue os elementos das duas colunas.

loja de câmbio	Diálogo **A**
lanchonete	Diálogo **B**
restaurante	Diálogo **C**
hotel	Diálogo **D**

2. Responda às seguintes questões.

Diálogo A
1. O que é que a cliente bebeu?
2. O que é que ela comeu?
3. O que é que ela pergunta ao empregado no final?

Chegando no Rio de Janeiro.

Diálogo B
4. Quais são os quartos mais tranquilos?
5. O que é que ela tem de preencher?
6. A que horas é que ela pode tomar o pequeno-almoço?

Diálogo C
7. O que é que o cliente pretende?
8. Quantos euros é que o cliente quer cambiar?
9. Quantos reais é que ele recebe?

Diálogo D
10. Para quantas pessoas é que o cliente quer a mesa?
11. Em que área do restaurante é que prefere ficar?
12. Ele come sobremesa?

Vocabulário

5. Algumas palavras e expressões que aparecem nos diálogos são de uso corrente no Português do Brasil. Una as palavras da coluna da esquerda com as equivalentes que se encontram na coluna da direita.

Português do Brasil	Português Europeu
1. legal	a. cambiar
2. suco	b. ementa
3. ônibus	c. Que chatice!
4. Puxa vida!	d. fumador
5. café da manhã	e. casa de banho
6. fazer câmbio	f. comboio
7. fumante	g. pequeno-almoço
8. cardápio	h. fixe
9. banheiro	i. pastelaria
10. o sanduíche	j. a sandes
11. trem	l. sumo
12. lanchonete	m. autocarro

Unidade 11

C. Pronúncia e Ortografia

 O Português do Brasil apresenta uma pronúncia e uma ortografia diferenciadas do Português Europeu.

Ouça as pronúncias europeia e brasileira da língua portuguesa e preste atenção às diferenças. Repita ambas as pronúncias.

Português do Brasil	Português Europeu
Bom dia	Bom dia
Boa tarde	Boa tarde
Boa noite	Boa noite
mentira	mentira
Brasil	Brasil
papel	papel
pessoa	pessoa
aspecto	aspeto
ótimo	ótimo
Amazônia	Amazónia
econômico	económico

Apêndice Gramatical

1 A forma perifrástica do Português Europeu *estar a* + Infinitivo é, no Português do Brasil, substituída pelo *estar* + Gerúndio

Exemplos

Português Europeu	Português do Brasil
A Ana *está a ler*.	A Ana *está lendo*.
O Pedro *está a estudar*.	O Pedro *está estudando*.

2 Pronome pessoal: *você*

No Português do Brasil, o pronome pessoal *tu* é de uso regionalizado.
Usa-se *você* no lugar de *tu* como forma de tratamento *informal*.

Exemplos

Você sabia que a Ana viajou para o Brasil?
Você nunca me disse que me amava.
Você é mesmo muito legal!

3 Posição dos pronomes reflexos e de complemento

No Português do Brasil é de uso coloquial a colocação dos pronomes reflexos antes do verbo.

Exemplos

Olá! Eu *me* chamo Carlos!
Me liga amanhã à noite.
Me disseram que Marília chegaria hoje.
Nos fizeram esperar duas horas em pé.

Unidade 11

4 Possessivos sem artigos

No Português do Brasil é raro o uso dos pronomes possessivos antecedidos por artigos. Acontece somente em casos pontuais.

Exemplos

Português Europeu	Português do Brasil
O meu carro é velho.	*Meu* carro é velho.
O nosso apartamento é grande.	*Nosso* apartamento é grande.
Os seus pais chegaram?	*Seus* pais chegaram?

5 Condicional (Futuro do Pretérito)

No Português do Brasil usa-se muito mais o **Condicional** ou **Futuro do Pretérito**, para formular um pedido ou expressar um desejo.

Exemplos
Gostaria de comprar dois pães, por favor.
Você *me faria* um favor?

Nota: Existe a exceção para o verbo **querer,** que normalmente é usado no Imperfeito para as mesmas situações.

Exemplos Eu *queria* um chope e batatas fritas, por favor.

6 Verbo *ter* em vez de *haver*

Outra característica do Português do Brasil é o uso do verbo **ter** no lugar de **haver** para a formulação de perguntas.

Exemplos
Não *tem* café aqui?
Neste restaurante *tem* picanha na brasa?

147

Apêndice Gramatical

7 Não acentuação da 1ª pessoa do plural do Pretérito Perfeito Simples dos verbos em *-ar*

No Português do Brasil, devido à sua fonética diferenciada, não há acentuação do verbo na **1ª pessoa plural do P.P.S.** dos verbos terminados em *-ar.*

Exemplos

Português Europeu	Português do Brasil
Acabámos o serviço ontem.	***Acabamos*** o serviço ontem.
Terminámos a pesquisa na semana passada.	***Terminamos*** a pesquisa na semana passada.
Falámos tudo o que era possível.	***Falamos*** tudo o que era possível.

8 Ortografia

1. Segundo as regras do novo Acordo Ortográfico, as consoantes mudas não se escrevem (à exceção do *h* inicial). Na ortografia brasileira não se registam casos de consoantes mudas. Todas as letras de uma palavra devem ser pronunciadas.

Exemplos

Português Europeu	Português do Brasil
receção	*recepção*
contactar	*contatar*
olfato	*olfacto*
facto	*fato*
infeção	*infecção*
subtil	*sutil*

Unidade 11

2. Por causa da sua fonética, algumas palavras brasileiras trocam o sinal de acentuação em relação ao Português Europeu.

Exemplos

Português Europeu	Português do Brasil
Amazónia	Amazônia
Rondónia	Rondônia
económico	econômico
académico	acadêmico

3. Com a aplicação do novo Acordo Ortográfico passou a haver uma maior proximidade entre a ortografia do Português Europeu e do Português do Brasil. Assim, algumas palavras que antes eram acentuadas no Português do Brasil, deixaram de o ser (palavras com o ditongo **ei** tónico perderam o acento; o trema deixou de ser usado para distinguir as sequências **qu** e **gu**, sempre que o **u** era pronunciado). Do mesmo modo, algumas palavras que em Português Europeu iniciavam com maiúscula, passaram a ser escritas com minúscula.

Exemplos

Português Europeu e Português do Brasil

ideia
europeia
assembleia
aguentar
frequente
abril
junho
verão
primavera

4. No Português do Brasil os números 14, 16, 17, 19 e 50 escrevem-se, respetivamente: **catorze** ou **quatorze**, **dezesseis**, **dezessete**, **dezenove**, **cinquenta** ou **cincoenta**.

Apêndice Gramatical

9 Fonética

A fonética brasileira apresenta algumas particularidades em relação à fonética portuguesa.

1. A pronúncia das sílabas **di** como /**dji**/ - Bom dia - /**Bom djia**/

> **Exemplos**
>
> **de** - em final de palavra como /**dje**/ - /**Boa tardje**/
> **ti** - como /**tchi**/ - em palavras como mentira - /**mentchira**/

Nota: Nota-se, porém, que este fenómeno não ocorre em todo o território brasileiro, sendo que em algumas regiões do Nordeste, por exemplo, a pronúncia é um pouco mais "lusitana".

2. De maneira geral, ocorre no Português do Brasil a vocalização do "**l**" final das palavras em "**u**":

> **Exemplos**
>
> Brasi**l** - /Brasi**u**/
> pape**l** - /pape**u**/
> Abri**l** - /Abri**u**/

E que mais sabes sobre a morna?

12

- Conhecer países africanos de língua oficial portuguesa
- Reconhecer diferenças de pronúncia
- Falar sobre mercados de rua
- Expressar opinião
- Cabo Verde: a morna e a cachupa
- Letra de morna
- Países Africanos de Língua Oficial Portuguesa (**PALOP**)
- Mercados africanos
- Cinco ilhas para férias de sonho
- Receita culinária
- Pronomes relativos variáveis: *cujo/a/os/as; o/a qual, os/as quais*
- *ir + Gerúndio*
- Pronúncia do Português de Angola

E que mais sabes sobre a morna?

A. E que mais sabes sobre a morna?

 1. A Violeta é angolana e está a falar com uma amiga portuguesa, a Carolina.

1. <u>Antes de ler</u>, ouça o diálogo entre elas:

Carolina: Haverá alguma forma de podermos ouvir morna ao vivo? Gostaria muito de assistir a um espetáculo de morna! Ouvi falar de Cabo Verde e da Cesária Évora, mas não faço ideia que tipo de música é.
Violeta: Bem, eu sei que a morna é quase a música nacional dos cabo-verdianos, tal como o fado é para os portugueses.
Carolina: Pelos vistos, sabes mais do que eu! E que mais sabes tu sobre a morna?
Violeta: Sei que é uma música dolente e que o principal instrumento que faz o acompanhamento é a viola. Por vezes, em alguns aspetos é parecido com o fado. Fala de amor, sofrimento, saudade...
Carolina: É possível que sim, mas disseram-me que a morna é uma música que se dança, enquanto que o fado só se ouve. Adorava ouvir morna.
Violeta: Compra um CD com mornas. Para além da Cesária Évora, há também o Bana, o Ildo Lobo, bué deles...!
Carolina: Perfeito. Bom, mas agora diz-me lá, onde podemos ouvir morna ao vivo?
Violeta: Olha, vamos no próximo sábado a um restaurante cabo-verdiano que eu conheço e que tem música ao vivo. Assim, aproveitas e provas a comida cabo-verdiana que é espetacular. Vais provar a famosa cachupa.
Carolina: Cachupa? O que é isso?
Violeta: É excelente: tem carnes variadas, chouriço, feijão, couve, milho...
Carolina: Hum... Parece bom!
Violeta: Tenho a certeza que vais gostar. E, enquanto comemos, ouves morna. E, no caso de quereres ouvir mais e também dançar, em seguida, vamos a uma discoteca cabo--verdiana.
Carolina: Parece-me um bom programa! E nas próximas férias... vou a Cabo Verde.

2. Teste a sua compreensão oral e responda às seguintes perguntas sobre o diálogo.

1. O que ficou a saber sobre a morna?
2. Com que tipo de música é possível comparar a morna? Porquê?
3. Onde é possível ouvir morna ao vivo?
4. Qual é o programa para o próximo sábado?

Unidade 12

2. As mornas são cantadas em crioulo. No arquipélago de Cabo Verde o crioulo varia um pouco em cada ilha. O português é a língua oficial em Cabo Verde. No entanto, a população fala entre si em crioulo, apesar de ser uma língua que habitualmente não se escreve.
<u>Leia</u> o excerto de uma morna e compare as palavras com a sua tradução em português. Em seguida, <u>ouça</u> esse excerto e teste a sua compreensão oral do crioulo de Cabo Verde.

Nha kre tcheu,	Meu amor,
Djan sta ta parti.	Já estou a partir.
Oi partida, so bo	Ò partida, só tu
Podia siparanu.	Podias separar-nos.
Oi madrugada, imagen di nha alma.	Ó madrugada, imagem da minha alma!
Pa nha kre tcheu ntregan ses lágrimas	Que o meu amor me entregou as suas lágrimas
Pel ka sofré nem tchora.	Para ela não sofrer, nem chorar.
Es sofrimento e so pa mi.	Este sofrimento é só para mim.
Oi partida bo e um dor profundo.	Ó partida, tu és uma dor profunda.

3. Neste mapa de África encontra assinalados os países africanos onde a língua oficial é o português.

1. Quando ouve falar em África quais são as ideias que lhe ocorrem? Discuta--as com os seus colegas e verifique se são coincidentes com as deles.

2. Sabia que nestes países africanos se fala português? Já tinha ouvido falar de algum deles? Refira o que sabia.

3. Gostaria de ter uma experiência profissional ou como voluntário num dos países africanos de expressão portuguesa? A fazer o quê e porquê? Refira os aspetos positivos e negativos que pensa que iria encontrar.

E que mais sabes sobre a morna?

4.

1. Leia o texto e fique a saber um pouco sobre Maputo, capital de Moçambique, e sobre os mercados africanos.

Em 1875, a localidade de Lourenço Marques era uma pequena povoação, à qual foi dado o nome do homem que, em 1544, tinha explorado a região. Passados trinta e dois anos, já era capital do país. Nos dias de hoje, mais de um milhão de habitantes enchem as ruas da capital, juntamente com os *machimbombos* ou *chapas* (versão local dos autocarros, mas que são, de facto, carrinhas pequenas) e os imprescindíveis mercados.

A antiga Lourenço Marques, que hoje se chama Maputo, é uma cidade em desenvolvimento, tal como o resto deste país, situado na África Austral, com fronteiras a sul com a África do Sul, a oeste com o Zimbabué e a nordeste com o Malaui.

Quem visita um país africano, tem, forçosamente, que visitar os **mercados** de rua. Todos os locais são bons para vendas: junto às paragens dos *machimbombos*, em frente às escolas, num terreiro descampado, nas bermas dos passeios das avenidas mais movimentadas. O seu nome em *shangana* "*dumba nengue*", traduz-se como "pernas para que vos quero". As pessoas dizem que se trata de uma condição física fundamental para instalar uma barraquinha na rua. Nestes mercados comprava-se e vendia-se de tudo, até artigos ilícitos; por isso, era conveniente ter boas pernas para fugir à polícia.

Ainda hoje é possível encontrar de tudo nos mercados africanos: artesanato, medicamentos, alimentos, produtos de medicina tradicional e até bancas de feitiçaria. Xipamanine, o maior e mais completo *dumba nengue* da capital, está sempre cheio de gente e de cor.

Quando se passa pelos feirantes, muitos são os que nos convidam a comprar. É nos mercados que se encontram os amigos, se fala dos problemas, se consulta o curandeiro...

Quem já visitou uma cidade africana, com certeza não esqueceu a vida, as cores e os cheiros que enchem os seus mercados de rua.

Unidade 12

2.

1. Já visitou algum mercado africano?

2. No seu país existe algum tipo de mercado de rua?
   Fale um pouco sobre ele e sobre o que lá se pode encontrar.

3. Se não são os mercados que funcionam como o ponto de encontro das pessoas, existe algum outro lugar com essa função social?

4. Qual é a sua opinião sobre a medicina tradicional e os curandeiros?

5. Relacione as palavras do Português de África com as equivalentes em Portugal.

A
1. machimbombo (Ang.)
2. matabicho (Ang./Guiné/Moç./S. Tomé)
3. gindungo (Ang./S. Tomé)
4. ginguba (Ang.)
5. guito (Ang. e também usado em Portugal)
6. capulana
7. chapa (Moç.)
8. bué (Ang. e hoje largamente utilizado pelos jovens portugueses)

B
a. dinheiro
b. muito
c. carrinha
d. lenço africano
e. pequeno-almoço
f. piripiri
g. autocarro
h. amendoim

6. Das palavras que se seguem, quais as que associa com África? Explique a relação.

ritmo   metro   dança   calma   agitação   família

hipermercado   savana   alegria   problemas   emigração

tradição   engarrafamentos   vegetação   animais

hospitalidade   safari   férias   trabalho

E que mais sabes sobre a morna?

B. Viagem a ilhas de encantar

1.

1. Leia o texto e fique a conhecer novas possibilidades para as suas férias.

> A pouco mais de hora e meia de Angola há um país, cujo café é uma tentação para os sentidos: **São Tomé e Príncipe**. Para além do café, do cacau e agora do petróleo, o povo que o acolhe caracteriza-se pela sua generosidade, o que o faz querer voltar. Uma visita a **São Tomé e Príncipe**, nome das duas maiores ilhas, cuja capital é São Tomé, é o destino adequado para quem gosta de lazer: do verde da sua paisagem, ao verde de boa parte da sua gastronomia, passando pelo azul do mar, este é o aperitivo para as férias da sua vida.
>
> Mas, se mais encantos quer ver e desfrutar, vá à ilha de Bazaruto, em **Moçambique**, ao arquipélago dos Bijagós, na **Guiné-Bissau**, sem esquecer as ilhas de **Cabo Verde**, ali tão perto, e regresse a **Angola**, país de onde partiu, desta vez para visitar a ilha de Mussulo, um dos locais mais turísticos e famosos da capital.
>
> Vá e maravilhe-se com o oceano de sabores, tons e sons que estão à sua espera.
>
> *Elizabeth Vera Cruz*

2. Pense em África e no texto que acabou de ler e justifique a expressão. "... oceano de sabores, tons e sons."

3. Após ler o texto e depois de olhar para as fotografias, gostaria de fazer uma viagem a alguma das ilhas referidas? Quais? O que é que mais o atrairia nessa viagem?

4. Elabore um roteiro da viagem da sua vida. Destinos, rotas e curiosidades são alguns dos elementos que devem ser referidos.

Unidade 12

2.

1. A receita que se segue é bastante similar à do arroz doce que faz as delícias de muitos portugueses.
Contém, no entanto, um ingrediente não habitual: o leite de coco.

Arroz doce *(ingredientes para 4 pessoas)*

1 caneca de arroz

3 ou 4 canecas de leite de coco

1 colher de manteiga

1 pitada de sal (opcional)

1 pau de canela (opcional)

1 ou 2 gemas de ovo (opcional)

1 casca de limão

açúcar q.b.

Modo de preparação:

Primeiro, coza o arroz em água, juntando a casca de limão, o pau de canela e a pitada de sal. Entretanto, junte a manteiga e vá acrescentando o leite de coco. Depois de quase cozido, e sem parar de mexer, deite o açúcar e deixe continuar a cozer. Por fim, acrescente as gemas de ovo. Sirva frio e com canela em pó. Bom proveito!

2. Ensine aos seus colegas uma receita do seu país.

3. Ouça o diálogo entre dois amigos, em Luanda.
Em seguida, responda às perguntas.

# E que mais sabes sobre a morna?

1. O que é que ela gostaria de visitar?
2. O que é que a atrai nos mercados africanos?
3. Quando é que o amigo a vai levar a um mercado?
4. A que horas é que ele a vai buscar?
5. Porque é que ela quer voltar a visitar o mercado sozinha?
6. Onde é que eles estão a ter esta conversa?

C. Pronúncia

 Ouça as seguintes palavras em Português de Angola e de Portugal, mais concretamente de Lisboa, e veja se consegue aperceber-se das diferenças entre as duas pronúncias.

Angola	Portugal
Angola	Angola
mercado	mercado
vais	vais
portugueses	portugueses
proibido	proibido
localidade	localidade
país	país
local	local
parecido	parecido
escrever	escrever
depois	depois
tenho	tenho

Apêndice Gramatical — Unidade 12

1 Pronomes relativos variáveis

Antecedente	Relativos variáveis			
	singular		plural	
pessoas ou coisas	masculino	feminino	masculino	feminino
	o qual	a qual	os quais	as quais
	cujo	cuja	cujos	cujas

- Os relativos **o/a qual, os/as quais** concordam em género e em número com o antecedente e usam-se geralmente precedidos de preposição.

- Os relativos **cujo(s), cuja(s)** indicam posse e concordam em género e em número com o substantivo que precedem.

> **Exemplos**
> Hoje vi no restaurante angolano <u>os clientes</u>, com **os quais** tivemos a reunião ontem à tarde.
> Ontem fui a uma discoteca, **cujo** <u>dono</u> é um amigo do teu pai.

2 *Ir* + Gerúndio

Usa-se o verbo *ir* seguido do **Gerúndio** para expressar uma ação que vai acontecendo gradualmente, ao mesmo tempo que uma outra ação ocorre.

> **Exemplos**
> Enquanto jantamos, o cantor **vai cantando** música africana.
> **Vamos comendo** as entradas, enquanto esperamos pela comida.

Unidade de Revisão 4

1. Substitua as partes sublinhadas pelos <u>pronomes pessoais</u> adequados, fazendo a <u>contração pronominal</u> quando necessário.

1. Todas as pessoas comeram <u>as sardinhas assadas</u>.
   _____.

2. O Presidente da Câmara entregou <u>os prémios aos vencedores do desfile</u>.
   _____.

3. Nós também adorámos ver <u>as marchas</u>.
   _____.

4. Quem é que te deu <u>os convites</u>?
   _____.

5. Hoje provámos <u>as castanhas que ela assou</u>.
   _____.

6. Pagámos <u>um sumo de manga ao João</u>.
   _____.

7. Vamos visitar <u>a ilha de São Tomé</u>?
   _____.

8. O amolador afiou <u>as facas à D. Maria</u> em 5 minutos.
   _____.

2. Escreva as palavras, de acordo com o significado que se encontra à direita.

1. _____	Comida típica de Cabo Verde.
2. _____	Lugar muito importante nos países africanos onde se vende um pouco de tudo.
3. _____	Profissional que apresenta programas na rádio.
4. _____	Nome que se dá à casa de banho no Brasil.
5. _____	Profissão tradicional, cujo trabalho é o de engraxar os sapatos de clientes na rua.
6. _____	Grande número de pessoas.
7. _____	Conjunto de ilhas.

3. Cada frase tem <u>1 ou 2 erros</u>. Encontre-os e corrija-os.

1. O ladrão foi prendido por polícia ontem à noite.
2. Ela disse ao médico que dói-lhe a garganta.
3. É possível vamos às marchas populares a próxima semana.
4. Quando chegámos no consultório, o médico ainda não tinha chegado.
5. A multidão iam acompanhando a desfile das marchas.
6. Como o tempo estava bem, ele aproveitou e foi à praia tomar sol.
7. Ontem, foram 10:00 quando ele começou a trabalhar.
8. O restaurante, cujo dona tu conheces, tem também comida angolana.
9. Ele veio com táxi por chegar mais depressa.
10. Os amigos, com o qual fui ao Brasil, gostaram imenso a viagem.

4. Junte cada elemento do quadro <u>A</u> com o correspondente do quadro <u>B.</u>

A	B
1. ônibus	a. pastelaria
2. café da manhã	b. sumo
3. lanchonete	c. autocarro
4. suco	d. piripiri
5. gindungo	e. pequeno-almoço

5. Ligue as duas frases, utilizando um dos seguintes <u>pronomes relativos</u>: <u>quem</u>, <u>que</u>, <u>onde</u>, <u>cujo/a/os/as</u>, <u>o/a qual</u>, <u>os/as quais</u>.

1. O empregado do hotel era simpático. Eu falei com ele.
   _____.

2. Alfama é um bairro popular. Lá festeja-se o Santo António.
   _____.

3. O arquipélago de Cabo Verde fica situado na costa ocidental de África. As suas ilhas têm praias lindíssimas.
   _____.

4. Muitas pessoas aproveitam as férias do Natal para irem ao Brasil. Essas pessoas gostam de passar uns dias na praia no inverno.
   _____.

161

Unidade de Revisão 4

5. Os bairros mais típicos enchem-se de gente. As suas ruas estão enfeitadas.
_____.

6. Os amigos angolanos vêm visitar-me. Falei-te desses amigos.
_____.

6. Complete o quadro com as palavras que faltam.

a fama	
	tradicional
a conveniência	
	hospitaleiro
a família	
	encantador
o turismo	
	saboroso
	tentador
o interesse	

Textos Gravados para Exercícios

UNIDADE 1

B.
4. 2.

Daniela Ruah nasceu em Boston, mas mudou-se para Portugal com 5 anos. A sua carreira teve início aos 16 anos, numa telenovela portuguesa. Aos 18 anos foi para Londres estudar Artes do Palco na London Metropolitan University. Regressou a Portugal com o objetivo de desenvolver a sua carreira profissional como atriz, destacando-se em papéis de relevo na televisão, cinema e teatro. Venceu a 1ª temporada do programa "Dança Comigo". Em 2007 partiu para Nova Iorque com o intuito de estudar e iniciar uma carreira internacional. Hoje, é coprotagonista de uma conhecida série americana de televisão e foi eleita uma das 100 mulheres mais sexies do mundo por uma revista norte-americana. Daniela fala fluentemente português, inglês e espanhol e, nos tempos livres, gosta de praticar surfe. Quando regressa a Portugal, aproveita para matar saudades da família e dos amigos.

Diogo Morgado nasceu em Lisboa, mas passou a infância no Alentejo. Iniciou a carreira de modelo aos 14 anos. Começou a sua carreira de ator na televisão, tendo participado em várias telenovelas e séries e teve alguns papéis em peças de teatro. Em 2012, participou na série americana de enorme êxito "A Bíblia", em que interpretou a figura de Jesus Cristo, um trabalho que lhe valeu vários elogios e que bateu recordes de audiência nos Estados Unidos. Diogo adora cozinhar, mas não gosta de fazer sobremesas. Gosta de futebol e de ir ao cinema. Tem um filho de nome Santiago.

Joana Vasconcelos é uma reconhecida artista plástica portuguesa. Nasceu em Paris, em 1971, mas vive e trabalha em Lisboa. As suas criações no domínio da arte pública têm uma especial relevância no trabalho da artista. O seu trabalho encontra-se representado em diversas coleções públicas e privadas e tem vindo a expor regularmente em Portugal e no estrangeiro desde 1994. Joana tornou-se reconhecida a nível internacional principalmente depois da exposição que fez em França, no Palácio de Versalhes, tendo sido a primeira mulher e a mais jovem artista contemporânea a expor em Versalhes.

Diogo Infante cresceu no Algarve e iniciou a sua vida profissional como guia intérprete. Em 1988, ingressou na Escola Superior de Teatro e Cinema, em Lisboa, onde terminou o Curso em 1991. Estreou-se como ator profissional em 1989. Encenou várias peças, ao mesmo tempo que participava em séries, novelas e filmes. Foi vencedor dos Globos de Ouro como Melhor Ator de Cinema, em 1996 e 1998. Foi Diretor Artístico do Teatro Maria Matos, entre 2006 e 2008, e, em seguida, do Teatro Nacional D. Maria II. Diogo tem sido o apresentador do programa "Cuidado com a Língua", que tem como objetivo ensinar a falar melhor português. Nos tempos livres, gosta de jogar ténis com o filho adotivo.

UNIDADE 2

B.
4.

Diálogo 1.
– Boa tarde. Queria um bilhete para o Porto, para amanhã, às 16.40.
– Deseja de ida e volta?
– Não, só de ida.
– Deseja viajar em 1ª ou em 2ª classe?
– Em 2ª, por favor.
– Tem preferência de lugar?
– Se for possível, prefiro viajar à janela.
– São trinta euros e trinta cêntimos.
– Quanto tempo demora a viagem?
– Cerca de 3 horas.

Diálogo 2.
– Boa tarde.
– Boa tarde. Eu vou ficar aqui no Porto durante 2 meses e gostava de poder fazer musculação 2 ou 3 vezes por semana.
– O senhor pode comprar aulas individuais e frequentar a sala de musculação ou qualquer aula de grupo.
– Não, eu prefiro mesmo musculação. Posso ver as vossas instalações?
– Com certeza. Dê-me só um minuto, por favor.

Diálogo 3.
– Bom dia.
– Bom dia. Queria lavar e cortar.
– Tem preferência?
– Sim. A Diana está livre?
– Tem só aquela senhora que está agora a atender. Pode vestir esta bata e daqui a 5 minutos vai lavar.
– Obrigada.

Diálogo 4.
– Boa tarde. Tem o seu passaporte ou bilhete de identidade?
– Ah, sim. Só um momento. Aqui está.
– Tem bagagem?
– Não, só tenho esta mala pequena que levo comigo.
– Com certeza. Tem preferência de lugar?

Textos Gravados para Exercícios

– Prefiro o mais à frente possível e à janela.
– Fica no 6 A.
– Ótimo. Obrigada.

Diálogo 5.
– Boa tarde.
– Boa tarde. Faça o favor.
– Queria alugar um carro e gostava de saber os vossos preços.
– Com certeza. E por quanto tempo vai desejar o carro?
– Por uma semana.
– Posso aconselhar-lhe um Polo, com ar condicionado, que é o que neste momento tem a tarifa mais económica. Não sei se é isso que pretende.
– Serve perfeitamente. E qual o preço e as condições de aluguer?
– O preço é de 60 euros por dia, com quilómetros ilimitados. Tem só a condição de devolver o carro com o depósito de gasolina conforme estava quando o recebeu. Tem ainda um depósito de segurança de 200 euros que lhe devolvemos no caso de o carro não ter nenhum acidente.
– Muito bem. E onde é que tenho de levantar e entregar o carro?
– Aqui nas nossas instalações. Posso mostrar-lhe o carro?

UNIDADE 3

B.

5.
– Boa noite. Já de seguida, às 20:00, pode ficar a saber o que de mais importante se passou em Portugal e pelo mundo. A seguir, às 21:10, veja a sua telenovela preferida. Às 21:50 não perca o concurso "Passo a Palavra". E às 22:45 vai ter mais uma grande noite de cinema. Desejamos-lhe uma boa noite na nossa companhia.

UNIDADE 4

B.

6.
– Para amanhã, prevê-se céu pouco nublado ou limpo, apesar de se poder apresentar muito nublado nas regiões do norte. O vento será fraco. Pequena descida da temperatura máxima, que deverá ser de 18° para a cidade de Lisboa. Possibilidade de neblina ou nevoeiro matinal, em especial, no litoral.

UNIDADE 5

B.

4.
– Restaurante Alentejano, boa noite.
– Boa noite. Seria possível reservar ainda uma mesa para hoje à noite?
– Para quantas pessoas?
– Somos treze.
– Penso que vai ser difícil. Para que horas desejava a mesa?
– Para as oito e trinta.
– Deixe-me ver aqui... Não. Para essa hora não vai ser possível. Mas seria possível para as nove e um quarto.
– Humm... Eu penso que não há problema. É uma questão de eu avisar as pessoas. Marque-me então uma mesa para treze pessoas para essa hora.
– Muito bem. Só tenho mesa na zona de fumadores. Não há inconveniente?
– Não, não. Há alguns fumadores no grupo que até agradecem.
– Muito bem. Então, fica marcada.
– Obrigado e boa noite.
– Muito boa noite.

UNIDADE 6

B.

5.
– Bom dia.
– Bom dia. Podia dizer-me a que horas é a próxima aula de hidroginástica?
– Deixe-me ver... A próxima começa dentro de 5 minutos, exatamente às 10:30.
– 5 minutos? Que chatice! Já não vou ter tempo de me vestir. Não há nada às 10:45?
– Às 10:45... Não, não. Mas às 10:40 tem uma aula de aeróbica no estúdio 3.
– Não gosto nada de aeróbica. É demasiado cansativo para mim e nunca consigo acompanhar o que os outros estão a fazer. O meu médico só me aconselha a fazer hidroginástica ou ioga. É só o que tenho feito nos últimos tempos.
– A aula seguinte de hidroginástica é às 11:30. loga só logo à tarde, às 15:30.
– Bom. Acho que vou um pouco para a sala das máquinas. Ando um pouco no tapete e de bicicleta e depois vou à outra aula de hidroginástica.
– Muito bem. Assim, vai ter uma manhã mais completa de exercício físico.

UNIDADE 7

B.

3.
– Boa tarde.
– Boa tarde. Queria marcar uma consulta para o Dr. Ventura, por favor. Em que dias é que ele dá consultas?
– O doutor dá consultas às 2ªs e 6ªs, da parte da tarde, e às 4ªs de manhã.
– Eu só posso ter consulta ao fim da tarde.
– Deixe-me ver. Ao fim da tarde... Tenho no dia 12 de novembro às 17:45.
– Só tem para o próximo mês?
– Só. Este mês o doutor tem a agenda cheia. À tarde, o mais cedo possível é no dia 12 do próximo mês.
– Bem, está bem. Marque então para esse dia.
– Qual é o nome?
– Maria de Sousa Rebelo.
– Muito bem. Está marcada para o dia 12 de novembro às 17:45.

UNIDADE 8

B.

4.
Mensagem A.
Está? Daqui é a Xana. Olha, hoje não me sinto nada bem. Dói-me imenso a cabeça e dormi pessimamente. Não me apetece nada ir à aula de História. Podes dizer à professora que hoje não vou à aula, porque estou doente, está bem? Telefona-me logo à noite. Obrigada.

Mensagem B. Boa tarde. Estou a falar do Novo Banco e precisamos de entrar em contacto consigo com alguma urgência. Agradecemos que nos telefone para o número 563 893 345 e que peça para falar com Susana Reis. Muito obrigada.

Mensagem C. Está. É o Paulo. Estou a telefonar para saber se a viagem correu bem. Ah! Já agora, não te esqueças que a reunião com o novo cliente foi adiada para a próxima segunda-feira, às 14:45. Liga-me até às seis, para o escritório. Até já.

UNIDADE 9

B.

3.
Diálogo A.
– Bom dia. As laranjas são boas?
– Se gosta delas muito doces, é melhor levar daquelas. Essas são um bocado amargas.
– Sim, prefiro-as doces. Dê-me então umas cinco laranjas, das mais doces. Ah! E pese-me também aquele cacho de bananas.
– Não quer bananas mais maduras?
– Não gosto de bananas muito maduras.
– Muito bem. É tudo?
– Sim. Quanto é?
– São 3,20€.

Diálogo B.
– Boa tarde. Quero 250 gramas de fiambre.
– É só o fiambre?
– Não. Dê-me também um chouriço desses e 8 fatias deste queijo aqui.
– Quer as fatias de queijo finas?
– Não as quero muito finas.
– Mais alguma coisa?
– Não. É tudo.
– São 6,46€.

Diálogo C.
– Boa tarde. Tem botões iguais a este?
– Deixe-me ver. Acho que estes são os mais parecidos.
– Hum... Nota-se um bocado a diferença. Se calhar, é melhor mudar todos os botões do casaco e assim ficam todos iguais.
– Se os quer mesmo iguais, penso que é o melhor.
– Então. Dê-me 10 botões destes aqui.
– Mais alguma coisa?
– Não. Ah! Sim, sim. Queria também linha de coser branca.
– Ora bem. São 7,70€.

Textos Gravados para Exercícios

UNIDADE 10

B.
4.

Diálogo A.
Senhora: Bom dia, Sr. Fernando.
Sapateiro: Bom dia, D. Luísa. Então, como vai a senhora?
Senhora: Vou andando, obrigada. Olhe, Sr. Fernando, tenho aqui estes sapatos do meu marido. Está a ver? Estão mesmo a precisar de capas novas.
Sapateiro: Ai, estão, estão.
Senhora: Mas, Sr. Fernando, ele precisa imenso destes sapatos. São os melhores que ele tem para a chuva e para o frio. Veja lá se pode ser para amanhã.
Sapateiro: Para amanhã?! Bem, passe por cá a partir das cinco horas.
Senhora: Obrigada, Sr. Fernando. Mas não se esqueça! Até amanhã.

Diálogo B.
Cauteleiro: Quem quer a sorte grande? Anda amanhã à roda! O senhor não quer jogar na lotaria do Natal?
Homem: Hum... Tem alguma cautela a terminar em 7?
Cauteleiro: Em 7... Deixe ver, parece que está com sorte. Tenho aqui o 27347.
Homem: Eu só compro se o número termina em 7. É o meu número da sorte. Dê-me, então, uma cautela.
Cauteleiro: Ora, aqui tem. Vai ver que lhe vai sair qualquer coisa.

C.
2. 1.
maçã;
vêm;
moro;
queijo;
figo;
doze;
três;
casar;
lavar;
pão;
pais;
pés;
faca;
quatro;
melão

UNIDADE 11

B.
4.

Diálogo A.
Na Lanchonete

– Boa tarde! Eu gostaria de um suco de cenoura com laranja, por favor.

– Não temos cenoura. Serve morango com laranja?

– Não tem cenoura? Puxa vida! Então, me veja um de laranja com morango.

– Aqui está.

– Veja também um sanduíche de frango com requeijão.

– Aqui está.

– Que legal! Muito obrigada. Desculpe, onde fica o banheiro?

– É naquela porta ali à direita.

– Muito obrigada.

Diálogo B.
No Hotel

– Bom dia! Tenho uma reserva em nome de Elisabete Santos.

– Seja bem-vinda Sr.ª Elisabete. A sua reserva já está confirmada. A senhora deseja um quarto de frente ou de fundos?

– Qual é o mais silencioso?

– Os quartos dos fundos são melhores.

– Prefiro um desses, então.

– Preencha, por favor, a nossa ficha. E eis aqui as suas chaves.

– A que horas é servido o café da manhã?

– É servido das 08:00 às 10:00 no salão grande.

– Muito obrigada.

– Nós é que agradecemos.

Diálogo C.
Na Loja de Câmbio

– Bom dia! Gostaria de fazer câmbio.

– Bom dia, qual a moeda?

– Euros.

– A taxa para a compra de euros hoje é de 3,80 reais.

– 3,80? Está mais alta em relação ao dia de ontem.

– É verdade. O euro voltou a subir.

– Então, vou trocar 250 euros.

– Muito bem! Eis aqui os seus 950 reais.

– Muito obrigado.

– De nada.

Diálogo D.
No Restaurante

– Boa noite! Mesa para uma pessoa, por favor.

– Fumante ou não fumante?

– Não fumante.

– Eis aqui o nosso cardápio.

– Muito obrigado. Estou um pouco indeciso. O que sugere para hoje?

– Hoje, temos peito de frango grelhado com arroz à piamontesa que está muito bom.

– E como é feito esse arroz à piamontesa?

– É feito com creme de leite, queijo e cogumelos. E é servido bem quente.

– Parece muito bom. Quero um, então.

– E para beber?

– Um guaraná, por favor.
****
– O jantar estava muito bom.

– O Senhor quer pedir agora a sobremesa?

– Não quero sobremesa, obrigado. Somente um cafezinho.

UNIDADE 12
B.
3.

– Gostaria de visitar o mercado local, ou um dos mercados mais importantes aqui de Luanda, mas não sei onde ficam!
– Podemos ir amanhã de manhã: como é sábado, há mais movimento e, assim, poderás apreciar o ambiente e fazer compras.
– O que eu adoro é o ambiente dos mercados. As cores, os cheiros, o barulho, as pessoas e o contacto entre elas, tudo isso me atrai.
– Então está combinado: vamos amanhã. Passo aqui pelo hotel às 9:00.
– Vou contigo amanhã, mas quero ir novamente num outro dia sozinha. Já te conheço e sei que tu estás sempre com pressa.

Chave das Unidades de Revisão

UNIDADE DE REVISÃO 1

1.
1. entrou; pediu; estava
2. esteve; conseguiu
3. passei; vi; reparei; tinha
4. Gostava
5. estavam; chegaste
6. foram; tinha
7. atendeu; era; tinha
8. fomos; gostámos; vimos; estava; saímos; havia
9. apanhei; estava; pude
10. vinhas; começaste; deixaste
11. Queria
12. podíamos

2.

Costura
agulha
linha
bainha
coser
medir

Oficina
mecânico
motor
pneu
reparar
bateria

Teatro
atriz
encenador
comédia
atuar
palco

Música
maestro
fadista
cantor
bateria
coro
voz

Transportes
passe
bilhete
viajar
condutor
voo

3.
1. No caso de chover, levo o guarda-chuva.
2. Depois de terminarem o relatório, falam com o cliente.
3. Apesar de estar muito calor, vou andar de bicicleta.
4. Ao chegares a casa, telefonas para o aeroporto.
5. Estuda mais, para passares no exame.
6. Ele não vai trabalhar, por estar doente.
7. Leiam o livro, antes de verem o filme.
8. Temos de trabalhar muito, a fim de sermos promovidos.

4.
selecionar / escolher
cuidar / tratar
engomar / passar
reservar / marcar
entender / perceber
consertar / reparar
mandar / enviar
verificar / confirmar

5.
1. entrou; tinham alugado; tinha visto
2. chegámos; viu; se tinha esquecido
3. devolveu; tinha trazido
4. pôde; tinha posto
5. tinhas vindo
6. tinham feito
7. paguei; tinha pago
8. mandou; tinha limpo

6.

1. g.
2. i.
3. h.
4. e.
5. j.
6. n.
7. c.
8. o.
9. k.
10. m.
11. l.
12. a.
13. p.
14. f.
15. b.
16. d.

7.

1. Vi-o.
2. Comprámo-los.
3. Trouxeram-na.
4. Fi-la.
5. Apagámo-la.
6. Deu-ma.
7. Lavaram-na.
8. Informaram-nos.
9. Telefonámos-lhe.
10. Aplaudiram-nos.

8.

desligar
impossível
improvável
desfazer
irregular
ilegal
infeliz
desmarcar
desaparecer
irresponsável

9.

1. à; para
2. por; pela; com; no
3. para
4. com
5. de; para; para
6. a; na
7. pelo
8. no; de
9. na; para; pela
10. No; numa

UNIDADE DE REVISÃO 2

1.

1. tenho visto
2. entrei; vi; me tinha esquecido
3. falaste; tenho ido
4. tenho ido
5. ganharam; tinha visto
6. fui; tinha visto; tinham vendido
7. Tens trabalhado
8. cheguei; tinha passado

2.

1. viajará
2. Gostaria
3. teríamos
4. Será
5. iriam
6. poderemos
7. Poderia
8. Haverá

Chave das Unidades de Revisão

3.
a nuvem
o consumo
saboroso
tenso
a energia
tranquilo
alcoólico
saudável

4.
diminuir
prejudicar
calmo
descanso
silencioso
limpo
cozido
frequentemente
acordar
encher

5.
1. se gostava de sushi.
2. que seria um fim de semana fantástico.
3. como se ia para o centro da cidade.
4. que tinha de ter uma alimentação mais saudável.
5. se tinha vindo cedo para casa ontem / no dia anterior.
6. com quem tinha estado a falar ao telefone.
7. que na semana passada / anterior tinham ido à praia do Guincho e tinham feito surfe pela primeira vez em Portugal.
8. que me aconselhava a ler o livro que ele tinha lido no mês passado / anterior.

6.
1. - telefonar - ligar um aparelho - dar importância
2. - arranjar - notar (em)
3. - reparar - conseguir algo
4. - misturar - mover - tocar (em)
5. - por oposição a esquerdo - por oposição a torto

7.
1. a.
2. e.
3. b.
4. f.
5. c.
6. d.

UNIDADE DE REVISÃO 3

1.
1. Barbeiro
2. Avô
3. Braço
4. Ladrão
5. Banco
6. Notícia
7. Charcutaria
8. Acupunctura
9. Recibo
10. Choque
11. Cotovelo
12. Receita

2.
1. Ele foi apanhado em flagrante.
2. Esse trabalho será feito em 5 dias.
3. Esta receita foi passada pelo médico.
4. Eu nunca tinha sido multado/a antes.
5. Esta loja foi aberta na semana passada.
6. Esse livro vai ser lançado no Panteão Nacional.
7. Ela foi vista num restaurante da capital.
8. O novo produto foi apresentado a seguir ao jantar.

3.
1. fuma
2. desça
3. fomos convidados
4. estava
5. tinhas chegado
6. Ponha
7. vieste; viste
8. foram abertos
9. lermos
10. será servido / vai ser servido

4.
1. e. h.
2. f. e.
3. c. a.
4. j. i.
5. a. b.
6. i. c.
7. d. j.
8. g. d.
9. h. f.
10. b. g.

5.
devolver
a receita
marcar
reembolsar
receber
a garantia
a crítica
a evolução
diminuir
o tratamento

6.
1. seca
2. preso
3. acendido
4. prendido
5. acesas
6. mortos
7. roto
8. rompido
9. gasto
10. ganho

UNIDADE DE REVISÃO 4

1.
1. ... as comeram.
2. ... entregou-lhos
3. ... as adorámos ver / adorámos vê-las.
4. ... tos deu?
5. ... provámo-las.
6. Pagámos-lho.
7. Vamos visitá-la?
8. ... afiou-lhas...

2.
1. Cachupa
2. Mercado
3. Locutor
4. Banheiro
5. Engraxador
6. Multidão
7. Arquipélago

3.
1. O ladrão foi **preso** pelo polícia ontem à noite.
2. Ela disse ao médico que **lhe dói** a garganta.
3. É possível **irmos** às marchas populares **na** próxima semana.
4. Quando chegámos **ao** consultório, o médico ainda não tinha chegado.
5. A multidão **ia** acompanhando **o** desfile das marchas.
6. Como o tempo estava **bom**, ele aproveitou e foi à praia **apanhar** sol.
7. Ontem, **eram** 10:00 quando ele começou a trabalhar.

Chave das Unidades de Revisão

   8. O restaurante, **cuja** dona tu conheces, tem também comida angolana.
   9. Ele veio **de** táxi para chegar mais depressa.
   10. Os amigos, com os **quais** fui ao Brasil, gostaram imenso **da** viagem.

4.

   1. c.
   2. e.
   3. a.
   4. b.
   5. d.

5.

   1. O empregado do hotel, **com quem/o qual** eu falei, era simpático.
   2. Alfama é um bairro popular, **onde** se festeja o Santo António.
   3. O arquipélago de Cabo Verde, **cujas** ilhas têm praias lindíssimas, fica situado na costa ocidental de África.
   4. Muitas pessoas, **que** gostam de passar uns dias na praia no inverno, aproveitam as férias do Natal para irem ao Brasil.
   5. Os bairros mais típicos, **cujas** ruas estão enfeitadas, enchem-se de gente.
   6. Os amigos angolanos, **de quem / de que / dos quais** te falei, vêm visitar-me.

6.

famoso
a tradição
conveniente
a hospitalidade
familiar
o encanto
turístico
o sabor
a tentação
interessante

Glossário

PORTUGUÊS	DEUTSCH	ENGLISH	ESPAÑOL	FRANÇAIS
aberta (a)	die Aufhellung (meteorologisch)	bright spell	claro	ouverte
aberto	geöffnet	open	abierto	ouvert
abertura (a)	die Öffnung	opening	abertura, apertura	ouverture
abóbora (a)	der Kürbis	pumpkin	calabaza	citrouille
aborrecido	langweilig	bored, fed up	aburrido	ennuyé
abrandar	verlangsamen	to slow down	reducir	ralentir
abundância (a)	die Fülle	abundance	abundancia	abondance
acabar por	letzlich etwas tun	to end up (by)	acabar por	finir par
acalmar-se	sich beruhigen	to calm down	tranquilizarse	se calmer
acender	anzünden	to switch on	encender	allumer
acento (o)	der Akzent	accent	acento	accent
acertar	treffen, richtig haben/machen	to hit the mark, to get something right	acertar	ajuster
acidentes rodoviários (os)	Verkehrsunfälle	road accidents	accidentes de circulación	accidents de la route
aclamado	bejubelt	acclaimed	aclamado	acclamé
acolher	aufnehmen	to welcome	acoger	accueillir
acompanhamento (o)	die Begleitung	accompaniment	acompañamiento	accompagnement
acompanhar	begleiten	to accompany	acompañar	accompagner
aconselhável	ratsam	advisable	aconsejable	conseillable
acontecimentos sociais (os)	die sozialen Ereignisse/ Events	social events	acontecimientos sociales	évènements sociaux
adequado	angebracht	suitable	adecuado	adéquate
aderir a	sich anschliessen	to stick to, become a member of	adherir a, sumarse a	adhérer à
adiantar	vorlegen (geld), hinzufügen	to advance	adelantar	avancer
adiar	verschieben	to postpone	aplazar	remettre
adolescente (o)	der Jugendliche	adolescent	adolescente	adolescent
adquirido	erworben	acquired	adquirido	acquis
adquirir	erwerben	to acquire	adquirir	acquérir
adversário (o)	der Gegner	opponent	adversario	adversaire
afetar	berühren	to affect	afectar	affecter, toucher
afetivo	gefühlsbetont	emotional	afectivo	affectif
afiar	spitzen	to sharpen	afilar	tailler
agente (o)	der Agent	agent, police officer	agente	agent
agitação (a)	die Unruhe	excitement	agitación	agitation
agitar	agitieren (politisch), schütteln	to shake	agitar	agiter
agravado	erschwert	aggravated	agravado	accru, aggravé
agressividade (a)	die Aggressivität	aggressiveness	agresividad	agressivité
aguaceiros (os)	Regenschauer	rain showers	aguaceros	averses
aguardar	abwarten	to await	aguardar	attendre
aguentar	aushalten	to be patient, to put up with	aguantar	tenir

Glossário

PORTUGUÊS	DEUTSCH	ENGLISH	ESPAÑOL	FRANÇAIS
agulha (a)	die Nadeln	needle	aguja	aiguille
alcançar	erreichen	to reach	alcanzar	arriver à
além de	jenseits, ausser	apart from	además de	outre
algo	etwas	something	algo	quelque chose
alho (o)	der Knoblauch	garlic	ajo	ail
alho-porro (o)	der Lauch	leek	puerro	poireau
aliciante	verführerisch	attractive	sugerente	alléchant
alteração	die Veränderung	alteration	alteración	changement
alternativa (a)	die Alternative	alternative	alternativa	alternative
altura (a)	die Höhe	height, time	altura, época	hauteur
ama (a)	die Amme	nanny	ama	nourrice
ambicioso	ehrgeizig	ambitious	ambicioso	ambitieux
ambiente (o)	die Umwelt	environment	ambiente	environnement
ambiental	umweltbezogen	environmental	ambiental	environnant
amêndoa (a)	die Mandel	almond	almendra	amande
amendoim (o)	die Erdnuss	peanut	cacahuete	cacahouète
amizade (a)	die Freundschaft	friendship	amistad	amitié
amolador (o)	der Scherenschleifer	knife-grinder	afilador	aiguiseur
angustiante	beängstigend	worrying	angustiante	angoissant
animado	lebhaft	lively	animado	animé, avoir de l'entrain
antibiótico (o)	das Antibiotikum	antibiotic	antibiótico	antibiotique
antigamente	früher	formerly	antiguamente	auparavant
apaixonar-se por	sich verlieben in	to fall in love with	enamorarse de	tomber amoureux de
apanhado	gefangen	caught	cogido, detenido	attrapé
apanhar	fangen, nehmen, sammeln	to catch	coger, detener	attraper
aparecer	erscheinen	to appear	aparecer	se montrer, surgir
aparelhagem (a)	die Anlage	device, equipment, stereo	equipo de música	chaîne hi-fi
aparente	anscheinend	apparent	aparente	apparent
aperfeiçoar	verbessern	to complete, to perfect	perfeccionar	améliorer
aperitivo (o)	der Aperitiv	aperitif	aperitivo	apéritif
apetecer	Lust haben	to fancy	apetecer	avoir envie
aplaudir	applaudieren	to clap	aplaudir	applaudir
aposta (a)	die Wette	bet	apuesta	pari
apostar	wetten	to bet	apostar	parier
apresentador (o)	der Moderator (fernsehen)	presenter	presentador	présentateur
aproveitar	ausnutzen	to take advantage of	aprovechar	profiter
aquisição (a)	der Erwerb	acquisition	adquisición	acquisition
armazém (o)	das Lager	warehouse	almacén	entrepôt
arrumar	aufräumen	to tidy	ordenar, aparcar, guardar	ranger

PORTUGUÊS	DEUTSCH	ENGLISH	ESPAÑOL	FRANÇAIS
artesanal	handwerklich	home produced	artesanal	artisanal
artesanato (o)	das Kunsthandwerk	arts and crafts	artesanía	artisanat
articulações (as)	die Gelenke	joints	articulaciones	articulations
aspirador (o)	der Staubsauger	vacuum cleaner	aspirador	aspirateur
assalto (o)	der Überfall	attack	asalto	hold-up
assento (o)	der Sitz	seat	asiento	siège
assíduo	öfter	with regular attendance	asiduo	assidu
assistência (a)	das Publikum, die Fürsorge	audience, service to attend	asistencia	assistance, public
assistir a	beiwohnen, hören (konzert), sehen		asistir a	assister à
associar	assozieren	to associate	asociar	associer
assunto (o)	das Thema	subject	asunto	sujet
atendedor de chamadas (o)	Anrufbeantworter	answerphone	contestador automático	répondeur
atender	bedienen	to answer	atender	répondre
atendimento (o)	die Bedienung	service	atención	accueil
aterrizar (Bras.)	landen	to land	aterrizar	atterrir
atingir	erreichen	to attain	alcanzar	atteindre
atrair	anziehen	to attract	atraer	attirer
atribuído	vergeben	allotted	atribuido	attribuer
audiência (a)	das Publikum	audience	audiencia	audience, assises
autêntico	echt	authentic	autentico	authentique
autoconfiança (a)	das Selbstvertrauen	self-confidence	auto confianza	auto confiance
automatização (a)	die Automatisierung	automation	automatización	automatisation
autoritário	autoritär	authoritarian	autoritario	autoritaire
avanço (o)	der Fortschritt	advance	avance	avancement, avance
avariado	kaputt	broken, out of order	averiado	en panne
azeite (o)	das Ölivenöl	olive oil	aceite de oliva	huile d'olive
bagagem (a)	das Gepäck	luggage	equipaje	bagage
baiana (a)	die Frau aus Baía	from Bahia	bahiana	bahianaise
bailado (o)	das Ballet	ballet, ball	baile	ballet
bailarico (o)	das Tanzen	social dance	verbena	bal, bal musette
bainha (a)	der Saum	hem, sheath	bastilla	ourlet
bairro (o)	das Stadtviertel	neighbourhood	barrio	quartier
baixar	senken	to lower	bajar	descendre
baliza (a)	das Tor	goal (sports)	baliza	but
banca (a)	der Tisch	stall	banca	table, bureau
banheiro (o) (Bras.)	das Badezimmer	bathroom	cuarto baño	salle de bain, toilettes
barbeiro (o)	der Friseur	barber	barbero	coiffeur pour hommes
barraquinha (a)	die Hütte	hut	barraquilla, chiringuito	petite baraque

175

Glossário

PORTUGUÊS	DEUTSCH	ENGLISH	ESPAÑOL	FRANÇAIS
basear-se em	basieren auf	to be based on	basarse en	se fonder sur
bastar	ausreichen	to be sufficient	bastar	suffire
bateria (a)	die Batterie	battery	batería	batterie
beleza (a)	die Schönheit	beauty	belleza	beauté
beneficiar	Nutzen von etwas haben	to benefit	beneficiarse	bénéficier
bens (os)	die Güter	goods, property	bienes	biens
berma (a)	der Bordstein	verge	arcén	bas-côté, accotement
bicha (a)	die Warteschlange	queue, scold	fila	queue
bilhete (o)	die Fahrkarte, Eintrittskarte	ticket	billete	billet, ticket
bombeiro (o)	der Feuerwehrmann	fireman	bombero	pompier
bondoso	gütig	generous	bondadoso	bienfaisant
botão (o)	der Knopf	button	botón	bouton
brilhar	leuchten	to shine	brillar	briller
bruxa (a)	die Hexe	witch	bruja	sorcière
bué (calão; Angola)	viel, sehr	very	mogollón	beaucoup, très
buraco (o)	das Loch	hole	agujero	trou
busca (a)	die Suche	search	búsqueda	recherche
buzina (a)	die Hupe	horn	bocina	klaxon
cabeleireiro (o)	der Friseur	hairdresser	peluquero	coiffeur
cacau (o)	der Kakao	cocoa	cacao	cacao
cadeia (a)	das Gefängnis	prison	cárcel	prison
café da manhã (o) (Bras.)	das Frühstück	breakfast	desayuno	petit déjeuner
calçado (o)	die Schuhe	footwear	calzado	chaussure
cálcio (o)	das Kalzium	calcium	calcio	calcium
caloria (a)	die Kalorie	calorie	caloría	calorie
caminhada (a)	der Spaziergang	trek, walk	caminata	randonné
caminho (o)	der Weg	path	camino	chemin
campanha (a)	der Wahlkampf	campaign	campaña	campagne
camponês (o)	der Bauer	peasant	campesino	paysan
canalizador (o)	der Klempner	plumber	fontanero	plombier
caneca (a)	die Tasse	jug	jarra, tazón	grande tasse, chope
canela em pó (a)	der Zimt	ground cinnamon	canela en polvo	cannelle en poudre
cansaço (o)	die Müdigkeit	fatigue	cansancio	fatigue
capa (a)	der Umhang	cape, topcoat, book cover	capa	cape
capulana (a) (Afric.)	afrikanisches Tuch	sarong	pareo	paréo
capuz (o)	die Kapuze	hood, cap	capucha	capuche
carimbar	stempeln	to stamp	sellar	tamponner
carioca (o)	der Einwohner von Rio de Janeiro	person from Rio de Janeiro	carioca	de Rio de Janeiro
carpinteiro (o)	der Tischler	carpenter	carpintero	charpentier

PORTUGUÊS	DEUTSCH	ENGLISH	ESPAÑOL	FRANÇAIS
carrinha (a)	der Transportwagen	van	furgoneta	fourgon
cartão de crédito (o)	die Kreditkarte	credit card	tarjeta de crédito	carte de crédit
carteiro (o)	der Briefträger	postman	cartero	facteur
cartucho (o)	die Tüte	cone (paper)	cartucho	paquet, rouleau
casamenteiro	der Kuppler	matchmaker	casamentero	marieur
casca (a)	die Schale	peel, shell	cáscara	épluchure
castanha (a)	die Kastanie	chestnut	castaña	châtaigne
catálogo (o)	der Katalog	catalogue	catálogo	catalogue
catástrofes naturais (as)	die Naturkatastrophen	natural disasters	catástrofes naturales	catastrophes naturelles
cauteleiro (o)	der Losverkäufer	lottery ticket seller	lotero	vendeur de loterie / de tombola
cavaleiro (o)	der Reiter	gentleman	jinete	chevalier
cebola (a)	die Zwiebel	onion	cebolla	oignon
cético	skeptisch	sceptical	escéptico	septique
cesto (o)	der Korb	basket	cesta	panier
chapa (a) (Moç.)	der Transportwagen	mini-bus	furgoneta	fourgon, minibus
charcutaria (a)	die Wursttheke	delicatessen	charcutería	charcuterie
chatear	ärgern	to irritate	enfadar, molestar	ennuyer
cheiro (o)	der Geruch	smell	olor	odeur
chegar (a)	ankommen in	to arrive (at)	llegar	arriver
chopinho (o) (Bras.)	das Fassbier	glass of beer	caña de cerveza	verre de bière
circulação (a)	der (Auto)Verkehr	traffic	circulación	circulation
circular	fahren	to circulate	circular	circuler
ciumento	eifersüchtig	jealous	celoso	jaloux
cobrar	kassieren	to charge	cobrar	percevoir
coincidente	sich deckend	coincidental	coincidente	coïncidente
colina (a)	der Hügel	hill	colina	colline
colisão (a)	die Kollision	collision	colisión	collision
colocar-se	sich stellen	to place oneself	ponerse	se placer
combate (o)	der Kampf	combat	combate	combat
combater	kämpfen	to fight	combatir	combattre
combinar	vereinbaren	to arrange	combinar, quedar, acordar	arranger
combustível (o)	der Brennstoff, Benzin	fuel	combustible	combustible
competição (a)	der Wettbewerb	competition	competición	compétition
competitividade (a)	die Wettbewerbsfähigkeit	competitiveness	competitividad	compétitivité
componente (a)	die Komponente	component	componente	composant
comprimido (o)	die Tablette	tablet	comprimido	comprimé, cachet
concordar em	mit etwas einverstanden sein	to agree to	estar de acuerdo en	être d'accord pour
conceção (a)	die Konzeption	conception, design	concepción	conception
concurso	der Wettbewerb	competition	concurso	concours

Glossário

PORTUGUÊS	DEUTSCH	ENGLISH	ESPAÑOL	FRANÇAIS
confecionar	herstellen	to manufacture	confeccionar	confectionner
confraternização (a)	die Verbrüderung	get-together	confraternización	fraternisation
conserto (o)	die Reparatur	repair	arreglo	réparation
consistir em	bestehen aus	to consist of	consistir en	consister à
constar	feststellen	to comprise	constar	être tenu pour vrai, y avoir des rumeurs
construção (a)	der Bau	construction	construcción	construction
consulta (a)	die Abfrage	appointment	consulta	consultation
consultório (o)	die Praxis	surgery, clinic	consulta	cabinet de consultation
consumidor (o)	der Verbraucher	consumer	consumidor	consommateur
consumir	verbrauchen	to consume	consumir	consommer
consumo (o)	der Konsum, der Verbrauch	consuming	consumo	consommation
contar com	mit etwas rechnen	to count on, to include	contar con	compter sur
contribuir para	beitragen für	to contribute to	contribuir a	contribuer pour
convencido	überzeugt	conceited	creído	convaincu
convicto	überzeugt	convinced, assured	convicto	convaincu, de conviction
cooperativa (a)	die Genossenschaft	arrogant	cooperativa	coopératif
coreógrafo (o)	der Choreograph	choreographer	coreógrafo	chorégraphe
coro (o)	der Chor	choir, chorus	coro	choeur
corrida (a)	das Rennen	race	corrida, carrera	course
coser	nähen	to stitch	coser	coudre
costura (a)	das Nähen	seam	costura	couture
costurar	nähen	to sew	coser	coudre
costureira (a)	die Näherin	seamstress	modista	couturière
cozer	kochen	to boil	cocer	cuire
cuidados de saúde (os)	die Gesundtheitsfürsorge	health care	cuidados de salud	soins médicaux
cujo	welchen	whose, which	cuyo	dont
culto	gebildet	cultured	culto	culte
cura (a)	die Heilung	cure	cura	cure
curandeiro (o)	der Kurpfuscher	charlatan, quack	curandero	guérisseur
custar	kosten	to be difficult, to cost	costar	coûter
custo (o)	die Kosten	cost	coste	coût
creche (a)	die Kinderkrippe	crèche, nursery	guardería	crèche
crescente	wachsend	growing	creciente	croissant
criar	erzeugen, aufziehen	to create	crear, criar	créer
crime (o)	das Verbrechen	crime	crimen	crime
crítica (a)	die Kritik	criticism	crítica	critique
cru	roh	raw	crudo	cru
dantes	früher	formerly	antes	auparavant
dados (os)	die Daten	data	datos, dados	données

PORTUGUÊS	DEUTSCH	ENGLISH	ESPAÑOL	FRANÇAIS
dar para	geben für	to serve to	dar para, servir	donner sur, être fait pour, se prêter à, être possible
de modo a	so dass	so that	de modo a	de façon à
debater	diskutieren	to discuss	debatir	débattre
defeito (o)	der Mangel	defect	defecto	défaut
deliciar-se com	etwas geniessen	to delight in	maravillarse con	se délecter
delinquente (o)	der Straftäter	delinquent	delincuente	délinquant
demasiado	zuviel	excessively	demasiado	trop
demonstrar	zeigen	to show	demostrar	démontrer
demorar	Zeit brauchen, dauern	to take time	tardar	attarder
dentista (o)	der Zahnarzt	dentist	dentista	dentiste
deparar com	sich konfrontiert sehen	to notice	depararse con	trouver par hasard
depender de	von etwas abhängig sein	to depend on	depender de	dépendre de
desde que	seit	since (+ verb)	desde que	depuis que
detestar	hassen	to hate	odiar	détester
descalçar	ausziehen	to take off shoes	descalzar	déchausser
descarregar	ausladen	to unload	descargar	décharger
descida (a)	der abstieg, das gefälle, die neigung	descent	descenso	descente
descontraído	locker	relaxed	relajado	décontracté
descontrair	auflockern	to relax	relajarse	se décontracter
desempregado (o)	arbeitslos	unemployed person	desempleado	être au chômage
desemprego (o)	die Arbeitslosigkeit	unemployment	desempleo	chômage
desenhador (a)	der Zeichner	designer	diseñador, dibujante	dessinateur
desenvolver	entwickeln	to develop	desarrollar	développer
desenvolvimento (o)	die Entwicklung	development	desarrollo	développement
desfavorecido	benachteiligt	deprived	desfavorecido	désavantagé
desfilar	vorbeiziehen	to march	desfilar	défiler
desfile (o)	der Vorbeimarsch	procession, parade	desfile	défilé
desfrutar	geniessen	to enjoy	disfrutar	profiter de
desgosto (o)	die Trauer	disgust, bad experience	disgusto	chagrin, dégoût
desincentivar	entmutigen	to discourage	desmotivar	décourager
deslocar-se	sich begeben	to go, to travel	desplazarse	se déplacer
despertar	aufwachen	to wake	despertar	réveiller
despesa (a)	die Ausgabe	expense	gasto	dépense
despretensioso	anspruchslos	unassuming	modesto	modeste
desonesto	unehrlich	dishonest	deshonesto	mal honnête
destinado	vorgesehen	for the purpose of	destinado	destiné
determinar	festlegen	to decide	determinar	déterminer
destruir	zerstören	to destroy	destruir	détruire

Glossário

PORTUGUÊS	DEUTSCH	ENGLISH	ESPAÑOL	FRANÇAIS
detetar	feststellen	to discover, to notice	detectar	détecter
deter	halten	to hold, to arrest	detener	retenir, arrêter
devolução de (a)	Rückgabe	return of	devolución de	dévolution de
devolver	zurückgeben	to give back	devolver	rendre
diabetes (a)	die Zuckerkrankheit	diabetes	diabetes	diabète
diagnóstico (o)	die Diagnose	diagnosis	diagnóstico	diagnostique
diminuição (a)	die Abnahme	reduction	disminución	diminution
diminuir	verringen, abnehmen	to lessen	disminuir	diminuer
dirigir-se	sich wenden	to go	dirigirse	se rendre, s'adresser à
dispôr	zur Verfügung haben	to have available	disponer	disposer
disposição (a)	die Stimmung, die Stellung, Verfügung	disposal, mood, arrangement	disposición	humeur, disposition
distinguir-se	sich hervorheben	to stand out	distinguirse	se distinguer
distrair-se	sich vertun, sich amüsieren	to enjoy oneself	distraerse	se distraire
diva (a)	die Diva	diva	diva	diva
diversão (a)	die Unterhaltung	amusement	diversión	divertissement
diversificado	vielfältig	varied	diversificado	diversifié
dobrado	synchronisiert	dubbed, folded	doblado	plié, doublé
dolente	schmerzerfüllt	aching, wretched	enfermo	dolent
dose (a)	die Dosis	dose	dosis	dose, portion
dourada (a)	die Goldbrasse	sea bream	dorada	daurade
dor (a)	der Schmerz	pain	dolor	douleur
drogaria (a)	die Drogerie	drug store	droguería	droguerie
duro	hart	hard	duro	dur
dúvida (a)	der Zweifel	doubt, query	duda	doute
ecológico	umweltfreundlich	ecological	ecológico	écologique
economista (o)	der Wirtschaftswissenschaftler	economist	economista	économiste
editora (a)	der Verlag	publisher	editora	éditeur
efetuado	durchgeführt	carried out	efectuado	effectué
eficaz	wirksam	effective	eficaz	efficace
eficiente	wirkungsvoll	efficient	eficiente	compétent, efficient
elaborado	erarbeitet	prepared	elaborado	élaboré
eletricista (o)	der Elektriker	electrician	electricista	électricien
elevado	hoch, erhoben	high	elevado	élevé
emagrecer	abnehmen	to lose weight	adelgazar	maigrir
empregar	einstellen	to employ	emplear	employer
encantar	entzücken	to enchant	encantar	enchanter
encanto (o)	das Entzücken	enchantment	encanto	enchantement, charme
encenador (o)	der Bühnenbildner	producer	director	metteur en scène
encharcado	nass	soaked	encharcado	trempé
encher	füllen	to fill	llenar	remplir

PORTUGUÊS	DEUTSCH	ENGLISH	ESPAÑOL	FRANÇAIS
enfeitar	schmücken	to decorate	adornar	décorer
engarrafamento (o)	der Stau	traffic jam	embotellamiento	bouchon
engraxador (o)	der Schuhputzer	shoe-shiner	limpiabotas	cireur
engraxar	Schuhe putzen	to shine	limpiar zapatos con betún	cirer
engomar	bügeln	to iron	planchar	repasser
entregar	liefern	to deliver	entregar	livrer
entretenimento (o)	die Unterhaltung	entertainment	entretenimiento	divertissement, amusement
envolver	einziehen, eingliedern, einbeziehen	to involve, to wrap	implicar	envelopper, impliquer
equilibrado	ausgewogen	balanced	equilibrado	équilibré
equilíbrio (o)	die Balance	balance	equilibrio	équilibre
equipa (a)	die Mannschaft	team	equipo	équipe
equipamento doméstico (o)	die Hausgeräte	domestic appliances	equipamiento doméstico	électroménager
erva (a)	das Gras	grass	hierba	herbe
escolha (a)	die Wahl	choice	elección	choix
escritor (o)	der Schriftsteller	writer	escritor	écrivain
escultor (o)	der Bildhauer	sculptor	escultor	sculpteur
escultura (a)	die Skulptur	sculpture	escultura	sculpture
esgotamento (o)	die Entleerung, die Erschöpfung	exhaustion	agotamiento	épuisement, surmenage
espaço verde (o)	die grüne Fläche	green space	espacio verde	jardin public, espace avec gazon, parc
espada (a)	das Schwert	sword	espada	épée
esperança (a)	die Hoffnung	hope	esperanza	espérance, espoir
espinafres (os)	der Spinat	spinach	espinacas	épinards
espontâneo	spontan	spontaneous	espontáneo	spontané
espremer	auswringen, auspressen	to squeeze	exprimir	presser
esquina (a)	die Ecke	corner	esquina	coin
esquisito	komisch, eigenartig	odd	raro	bizarre
estatuto (o)	die Satzung	statute, status	estatuto	statut
estereótipo (o)	der Stereotyp	stereotype	estereotipo	stéréotype
estilista (o)	der Stylist	stylist	estilista	styliste
estrangeiro (o)	der Ausländer	foreigner	extranjero	étranger
estranheza (a)	die Fremdheit	surprise	extrañeza	étrangeté
estranho	fremd	strange	extraño	étrange
estrear	einweihen, erstaufführen	to appear/ to wear for the first time	estrenar	débuter, étrenner, être en première
estrela (a)	der Stern	star	estrella	étoile
estupidez (a)	die Dummheit	stupidity	estupidez	stupidité
ética (a)	die Ethik	ethics	ética	éthique
esvaziar	ausleeren	to empty	vaciar	vider
evento (o)	das Ereignis	event	evento	évènement

Glossário

PORTUGUÊS	DEUTSCH	ENGLISH	ESPAÑOL	FRANÇAIS
evitar	vermeiden	to avoid	evitar	éviter
evoluir	sich entwickeln	to develop	evolucionar	évoluer
examinar	beobachten, über-	to examine	examinar	examiner
excesso (o)	prüfen	excess	exceso	excès
excitante	der Überschuss	exciting	excitante	excitant
excluir	aufregend	to exclude	excluir	exclure
excursão (a)	ausschliessen	excursion	excursión	excursion
	der Ausflug,			
exercer	die Exkursion	to exercise	ejercer	exercer
exibir	ausüben	to display	exhibir	exhiber
explorado	zeigen	exploited	explorado,	exploré,
	ausgenutzt		explotado	exploité
exposição (a)	die Ausstellung	exhibition	exposición	exposition
exposto	ausgestellt	on show	expuesto	exposé
extinto	ausgestorben	extinct	extinto	éteint
extraído	gewonnen	extracted	extraído	extraire
facilitar	erleichtern	to facilitate	facilitar	faciliter
faixa (a)	das Band,	lane (of highway)	carril	bande,
	die Fahrbahn			(de rodagem)
				chaussée, voie
falsificação (a)	die Fälschung	counterfeiting	falsificación	falsification
faltar	fehlen, nicht teil	to be lacking	faltar	manquer
	nehmen			
familiar	vertraut	family (adj)	familiar	familier
fascinar	faszinieren	to fascinate	fascinar	fasciner
favela (a) (Bras.)	das Elendsviertel	slum	favela	bidonville
feijão (o)	die Bohne	bean	judía	haricot
feirante (o)	der Aussteller	stallkeeper	feriante	marchand
				forain, vendeur
				sur un marché
feitiçaria (a)	die Hexerei	witchcraft	hechicería	sorcellerie
feriado (o)	der Feiertag	public holiday	festivo	férié
feroz	wild	ferocious	feroz	féroce
ferro de engomar (o)	das Bügeleisen	iron	plancha	fer à repasser
ferver	kochen	to boil	hervir	bouillir
festejar	feiern	to celebrate	festejar	fêter
fibra (a)	die Faser, die Fiber	fibre	fibra	fibre
fiel	treu	faithful	fiel	fidèle
fixo	fest	fixed	fijo	fixe
fletir	beugen	to bend	flexionar	fléchir
fluir	fliessen	to flow	fluir	couler
fogo de artifício (o)	Feuerwerk	firework	fuegos artificiales	feu d'artifice
folhear	blättern	to thumb through	hojear	feuilleter
forçosamente	zwangmässig	necessarily	forzosamente	forcement
fornecedor (o)	der Lieferant	supplier	suministrador	fournisseur
fortalecer	stärken	to strengthen	fortalecer	fortifier
freguês (o)	der Kunde	customer	cliente	client

PORTUGUÊS	DEUTSCH	ENGLISH	ESPAÑOL	FRANÇAIS
frequentar	besuchen	to frequent	frecuentar / cursar estudios	fréquenter
fronteira (a)	die Grenze	border, frontier	frontera	frontière
fumador (o)	der Raucher	smoker	fumador	fumeur
fundo	tief	bottom	fondo	fond
funil (o)	der Trichter	funnel	embudo	entonnoir
futebol (o)	der Fussball	football	fútbol	football
gabinete de provas (o)	der Ankleideraum	fitting room	probador	cabine d'essayage / de tests
gaita de beiços (a)	die Ziehharmonika	mouth organ	harmónica	harmonica
ganancioso	habgierig	greedy	avaricioso	avide, cupide
garantir	versichern	to ensure	garantizar	assurer
gasto (o)	die Ausgabe	expenditure	gasto	dépense
gelado (o)	das Eis	ice cream	helado	glace
gema	das Eigelb	yolk	yema	jaune d'œuf
generosidade (a)	die Grosszügigkeit	generosity	generosidad	générosité
generoso	grosszügig	generous	generoso	généreux
gentil	nett	kind	gentil	gentil
gerir	verwalten	to manage	gestionar	gérer
gindungo (o) (Ang. / S. Tomé)	afrikanische pfeffer	chilli	chile	variété de piment rouge d'Angola
ginguba (a) (Ang.)	die Erdnuss	peanut	cacahuete	cacahuète
giro	schön	slang	bonito	mignon
gorro (o)	die Mütze	cap	gorro	bonnet
gozar	sich über jemand lustig machen, geniessen	to enjoy, to mock	gozar / burlarse de alguien	profiter de, se moquer
grafia (a)	die Schrift	script	grafía	graphie
grão (o)	die Kichererbse	grain, chickpea	garbanzo	grain
gratuito	kostenlos	free	gratuito	gratuit
gravado	aufgenommen	recorded	grabado	enregistré
gravar	aufnehmen	to record	grabar	enregistrer
grelhador (o)	der Grill	grill	plancha	grilleur
grelhar	grillen	to grill	cocinar a la plancha	griller
grisalho	grau	grey-haired	grisáceo	grisaille
grosso	dick, breit	thick	grueso	gros
guarda-redes (o)	der Torwart	goalkeeper	portero	gardien de but
guardar	aufräumen, aufheben	to keep	guardar	garder, ranger
guerra (a)	der Krieg	war	guerra	guerre
guito (o) (calão; Ang.)	das Geld	cash	dinero	argent
habitação (a)	die Wohnung	house	vivienda	habitation
habitante (o)	der Einwohner	inhabitant	habitante	habitant
hidrato de carbono (o)	das Kohlenhydrat	carbohydrate	hidrato de carbono	hydrate de carbone
hipertensão (a)	der Bluthochdruck	hypertension	hipertensión	hyper tension
horário (o)	der Plan	timetable, schedule	horario	horaire

Glossário

PORTUGUÊS	DEUTSCH	ENGLISH	ESPAÑOL	FRANÇAIS
hospitaleiro	gastfreundlich	hospitable, welcoming	hospitalario	accueillant, hospitalier
identificar-se com	sich mit etwas identifizieren	to identify oneself with	identificarse con	s'identifier avec
idoso	alt	elderly	anciano	personne âgé
ilícito	unerlaubt	unlawful	ilícito	illicite
imenso	enorm	immense	inmenso	immense
impedir	verhindern	to prevent	impedir	empêcher
importar-se de	wert legen auf	to mind	importar	déranger de
imposto (o)	die Steuer	tax	impuesto	impôt
imprescindível	unverzichtbar	essential	imprescindible	indispensable
imprimir	drucken	to print	imprimir	imprimer
inaugurar	eröffnen	to open, to inaugurate	inaugurar	inaugurer
incentivar	ermuntern	to motivate	incentivar	inciter, stimuler
inconstante	unsicher, unbeständig	unreliable	inconstante	inconstant
indígena (o)	der Ureinwohner	native	indígena	indigène
inesperado	unerwartet	unexpected	inesperado	inespéré
inesquecível	unvergesslich	unforgettable	inolvidable	inoubliable
infeção (a)	die Ansteckung, die Infektion	infection	infección	infection
infernal	höllisch	hellish	infernal	infernal
informatização	Die Umstellung auf PC	computerisation	informatización	informatisation
inseguro	unsicher	unsure, insecure	inseguro	pas sûr, pas sûr de soi
inspirado	inspirieren	inspired	inspirado	inspiré
instável	unbeständig	unstable	instable	instable
insultar	beschimpfen	to insult	insultar	insulter
intercâmbio (o)	der Austausch	interchange	intercambio	échange
interiorização (a)	die Verinnerlichung	taking to heart	interiorización	intériorisation
intervenção cirúrgica (a)	der Eingriff	operation	intervención quirúrgica	intervention chirurgicale
intolerante	intolerant	intolerant	intolerante	intolérant
introduzir	eingeben	to introduce	introducir	introduire
introspetivo	in sich gekehrt	introspective	introspectivo	introspectif
inúmero	unzählig	countless	innumerable	innombrable
inundação (a)	die Überschwemmung	flood	inundación	inondation
investigar	ermitteln	to investigate	investigar	enquêter
irritar-se	sich aufregen	to grow angry	enfadarse	s'énerver
jangada (a)	das Floss	raft	jangada	radeau
jeito (o)	die Art, die Begabung	knack	habilidad	habileté, coup de pouce
joalharia (a)	der Juwelenhandel	jewellery shop	joyería	bijouterie
jornalista (o)	der Journalist	journalist	periodista	journaliste
junto	zusammen	together, next to	junto	ensemble, auprès de
lacticínios (os)	die Milchprodukte	dairy products	lacticinios	aliments lactés
lactose (a)	der milchzucker	lactose	lactosa	lactose

PORTUGUÊS	DEUTSCH	ENGLISH	ESPAÑOL	FRANÇAIS
lamentar-se	sich beklagen	to be sorry	lamentarse	se plaindre
lançamento (o)	der Abwurf, der Abschuss	launch	lanzamiento	lancement
lançar	werfen	to launch	lanzar	lancer
lanchonete (a)	die Bude	snack bar	cafetería	genre de café où on peut prendre son goûter
lavandaria (a)	der Waschsalon	laundry	lavandería	blanchisserie
lazer	die Freizeit	leisure	ocio	loisirs
legal (Bras.)	toll	correct	guay	cool
legendado	mit Untertiteln	sub-titled	subtitulado	sous-titré, légendé
legendas (as)	die Untertitel	sub-titles	subtitulos	sous-titrage, légendes
lenço (o)	das Tuch	handkerchief, scarf, sarong	pañuelo	mouchoir
lenda (a)	die Legende	legend	leyenda	légende
lento	langsam	slow	lento	lent
ligar a	sich kümmern um	to care about	dar bolilla	attacher de l'importance
linha (a)	der Faden	line, thread	línea	ligne
líquido (o)	die Flüssigkeit	liquid	líquido	liquide
locutor (o)	der Moderator	speaker	locutor	locuteur
loja de câmbio (a) (Bras.)	das Wechselgeschäft	bureau de change	oficina de cambios	bureau de change
lume (o)	das Feuer	light	fuego	feu
lutador	kämpferisch	fighter	luchador	lutteur
machimbombo (o) (Ang.)	der Bus	bus	autobús	autobus
maço de cigarros (o)	Zigarrettenschachtel	packet of cigarettes	paquete de tabaco	paquet de cigarettes
maduro	reif	ripe	maduro	mûr
maestro (o)	der Dirigent	conductor	maestro	maestro
magusto (o)	das Kastanienfeuer	autumn celebration	fiesta tradicional en la que se asan castañas	rôtissage de marrons au Portugal lors de la Saint Martin
malefício (o)	der Schaden, die Bosheit	evil	maleficio	maléfice
mancha (a)	der Fleck	stain	mancha	tâche
maneira (a)	die Art	manner, way	manera	manière
manga (a)	der ärmel, der Mango	sleeve, mango	manga	manche, mangue
manipulação (a)	die Manipulation	manipulation	manipulación	manipulation
manjerico (o)	das Basilikum	basil	albahaca	plante doriférante de la famille du Basilic

Glossário

PORTUGUÊS	DEUTSCH	ENGLISH	ESPAÑOL	FRANÇAIS
manter	behalten	to maintain	mantener	maintenir
máquina de barbear (a)	der Rasierapparat	razor	máquina de afeitar	machine à raser
maravilhar-se com	sich über etwas wundern	to be amazed by	maravillarse con	s'émerveiller
marchas (as)	die Märsche, der Umzug	parade	marchas	marches, défilés
martelinhos (os)	die plastishe Hämmerchen	plastic hammers	martillos de plástico típicos de Oporto	petits marteaux en plastique
máscara (a)	die Maske	mask	máscara	masque
massagem (a)	die Massage	massage	masaje	massage
matabicho (o) (Ang. / Guiné / Moç. / S. Tomé)	das Fruhstück	breakfast	desayuno	petit déjeuner
matemático	mathematisch	mathematical	matemático	mathématique
mecânico (o)	der Mechaniker	mechanic	mecánico	mécanicien
medir	messen	to measure	medir	mesurer
mendigo (o)	der Bettler	beggar	mendigo	mendiant
meditar	meditieren, nachdenken	to meditate	meditar	méditer
meias solas (as)	die Sohlen (ohne absatz)	half-soles	medias suelas	semelles
mente (a)	der Geist	mind	mente	esprit, pensée
mestrado (o)	die Meisterprüfung	masters degree	maestría	maîtrise
meta (a)	das Ziel	finishing line, target	meta	but
metalúrgica	metallurgisch	metallurgical	metalúrgica	métallurgie
meteorologista (o)	der Meteorologe	meteorologist	meteorólogo	météorologue
método (o)	die Methode	method	método	méthode
metrópole (a)	die Metropole	metropolis	metrópolis	métropole
mexer-se	sich bewegen	to move	moverse	bouger
milenar	tausendjährig	ancient, time-honoured	milenario	millénaire
mimar	verwöhnen	to pamper	mimar	cajoler
mobilidade (a)	die Beweglichkeit	mobility	movilidad	mobilité
modelo (o)	das Muster, das Model	model	modelo	modèle
moeda (a)	die Münze	coin	moneda	monnaie, pièce
montante (o)	der Betrag	amount	cuantía	montant
montra (a)	das Schaufenster	shop-window	escaparate	vitrine
morrer	sterben	to die	morir	mourir
motivação (a)	die Motivation	motivation	motivación	motivation
motor (o)	der Motor	engine	motor	moteur
móvel	beweglich	movable	mueble	meuble
movido por	bewegt durch	moved by	movido por	motivé par
movimentado	bewegt	crowded, busy	ambientado	mouvementé
mudança (a)	der Umzug, die Veränderung, die Umwechslung	change, move	mudanza, cambio	changement, déménagement

PORTUGUÊS	DEUTSCH	ENGLISH	ESPAÑOL	FRANÇAIS
mudar-se para	umziehen nach	to move to	mudarse a	déménager
multar	strafen	to fine	multar	dresser une contravention
multidão (a)	die Menge	crowd	multitud	foule
nível (o)	das Niveau	level	nivel	niveau
no caso de	im falle von, wenn	in case of	en el caso de	au cas où
no entanto	dennoch	however	sin embargo	cependant
noção (a)	der Begriff	notion	noción	notion
nomear	benennen	to name, to nominate	nombrar	nommer
notícia (a)	die Nachricht	television or radio news	noticia	nouvelle
noticiário (o)	die Nachrichten	newspaper	noticias	les informations
noz (a)	die Nuss	walnut	nuez	noix
nublado	bewölkt	cloudy	nublado	nuageux
obesidade (a)	die Fettleibigkeit	obesity	obesidad	obésité
obra (a)	die Bauarbeit, das Werk	work	obra	travail, chantier, œuvre, ouvrage
obstáculo (o)	der Hindernis	obstacle	obstáculo	obstacle
obter	erreichen	to obtain	obtener	obtenir
ocorrência (a)	das Ereignis	occurrence	ocurrencia	occurrence, accident
ocorrer	ereignen	to occur	ocurrir	arriver
oferta (a)	das Angebot	offer, supply	regalo	offre
óleo (o)	das Öl	oil	aceite	huile
ônibus (o) (Bras.)	der Bus	bus	Autobús	omnibus
opção (a)	die Option	option	opción	option
optar por	sich für etwas entscheiden	to opt for	optar por	opter par
orçamento (o)	der Kostenvoranschlag	budget	presupuesto	devis
orgânico	organisch	organic	orgánico	organique
órgão (o)	das Organ	organ	órgano	organe
orquestra (a)	das Orchester	orchestra	orquesta	orchestre
palco (o)	die Bühne	stage	escenario	scène
pancada (a)	der Schlag	blow	golpe	coup
panela (a)	der Topf	pot, pan	olla	marmite
paragem (a)	die Haltestelle	(bus) stop	parada	arrêt
parecer-se com	sich ähneln	to be similar to	parecerse a	ressembler à
parque de estacionamento (o)	der Parkplatz	car park	parking	parking
partilhar	teilen	to share	compartir	partager
passa (a)	Die Rosine	raisin	pasa	raisin sec
passar	weiter geben	to pass, to iron	pasar	passer
passe (o)	die Monatskarte	season ticket	pase	carte d'abonnement
passeio (o)	der Spaziergang, der Bordstein	walk	paseo	promenade

Glossário

PORTUGUÊS	DEUTSCH	ENGLISH	ESPAÑOL	FRANÇAIS
patins (os)	die Rollschue, die Schlittschue	skates	patines	patins
pau (o)	der Stock	stick	palo	bâton
pedra (a)	der Stein	stone	piedra	pierre
peça (a)	das Stück	play, piece, part	pieza	pièce, élément, article
pedido (o)	die Bitte	request	pedido	demande
pele (a)	die Haut	skin	piel	peau, en cuir
pena (a)	die Feder	punishment	pena	peine
pensão (a)	die Rente, der Unterhalt	pension	pensión	pension
percorrido	durchlaufen	travelled	recorrido	parcouru
perturbar	stören	to disturb	perturbar	perturber
pesadelo (o)	der Albtraum	nightmare	pesadilla	cauchemar
pescador (o)	der Fischer	fisherman	pescador	pécheur
picar	stechen	to mince, to sting	picar	piquer
pintor (o)	der Maler	painter	pintor	peintre
pirâmide (a)	die Pyramide	pyramid	pirámide	pyramide
piripiri (o)	der Peperoni	chilli	malagueta	piment piquant
pitada (a)	die Prise	pinch	pizca	pincée
planear	planen	to plan	planear	planifier
plantação (a)	die Plantage	plantation	plantación	plantation
pneu (o)	der Reifen	tyre	neumático	pneu
pomar (o)	der Obstgarten	orchard	pomar	verger
ponderado	überlegt	considered	ponderado	réfléchi, pondéré
ponto reflexo (o)	der Reflexpunkt	reflex point	punto reflejo	point de reflex
porção (a)	die Portion	portion	porción	part
posse (a)	der Besitz	possession	posesión	possession
posto de trabalho (o)	die Arbeitsstelle	workstation	puesto de trabajo	poste de travail
povoação (a)	die Ortschaft	settlement	población	localité
prateado	versilbert	silver-plated	plateado	argenté
precário	minderwertig	precarious	precario	précaire
preceder	vorausgehen	to precede	preceder	précéder
predominante	dominierend	predominant	predominante	prédominant
preencher	ausfüllen	to fulfil, to complete	cumplimentar	remplir
preguiçoso	faul	lazy	vago	paresseux
prender	festnehmen, festbinden	to arrest, to take	detener	arrêter
preocupar-se em / com	sich über etwas sorgen machen	to be concerned to, to be worried about	preocuparse por	s'inquiéter à propos de, sur
preservação (a)	die Bewahrung, der Schutz	preservation	preservación	préservation
preservado	bewahrt, geschützt	preserved	preservado	préservé
pressão (a)	der Druck	pressure	presión	pression

PORTUGUÊS	DEUTSCH	ENGLISH	ESPAÑOL	FRANÇAIS
pressionar	drucken	to pressurise	presionar	obliger, forcer
prestação (a)	die Rate	instalment	cuota	prestation, versement, allocation
prestável	hilfsbereit	helpful	servicial	obligeant, serviable
prestigiado	angesehen	prestigious	prestigioso	honoré
pretender	beanspruchen, fordern, verlangen	to claim, to intend	pretender	prétendre
prevenção (a)	die Vorsorge	prevention	prevención	prévention
preventivo	vorbeugend	preventive	preventivo	préventif
previsão (a)	die Vorhersage	forecast	previsión	prévision
prioridade (a)	die Vorfahrt, Priorität	priority	prioridad	priorité
profundo	tief	deep	profundo	profond
promovido	befördet	promoted	promovido, (en el empleo) ascendido	promu
pronúncia (a)	der Akzent	pronunciation	pronunciación	accent, prononciation
proporcionar	ermöglichen	to provide	proporcionar	rendre possible, présenter
propositadamente	absichtlich	on purpose	intencionadamente	exprès
proteína (a)	das Eiweiss	protein	proteína	protéine
prova (a)	die Probe, der Beweis	evidence, test	prueba	épreuve
provocar	provozieren	to provoke, to cause	provocar	provoquer
prudente	vorsichtig	careful	prudente	prudent
puro	rein	pure	puro	pur
quadra (a)	der Häuserblock, die Vierzeiler	four line poem	rima de versos	quatrain
quadrilha (a)	die Quadrille	band	cuadrilla	gang
queixa (a)	die Klage	complaint	queja	plainte
queixar-se	sich beschwerden	to complain	quejarse	se plaindre, porter plainte
quilo (o)	das Kilogramm	kilo	kilo	kilo
quintal (o)	der Gemüsegarten	back yard, hundred-weight	huerta	potager
radical	radikal	radical	radical	radical
ralar	reiben	to crumble, to scold	rallar	râper
rapidez (a)	die Schnelligkeit	speed	rapidez	rapidité
rasgar	zerreissen	to tear	rasgar	arracher
receita (a)	das Rezept	recipe, prescription	receta	recette, ordonnance
receitar	verordnen	to prescribe	recetar	prescrire
rececionista (a)	die Empfangsdame	receptionist	recepcionista	réceptionniste, hôtesse d'accueil

Glossário

PORTUGUÊS	DEUTSCH	ENGLISH	ESPAÑOL	FRANÇAIS
recibo (o)	die Quittung	receipt	recibo	reçu, quittance
reclamação (a)	die Beanstandung	complaint	reclamación	réclamation
recompensa (a)	die Belohnung	compensation	recompensa	récompense
reconstruir	wiederaufbauen	reconstruct	reconstruir	reconstruire
recorrer a	sich wenden an, zurückgreifen	to resort to	recurrir a	recourir à, avoir recours à
recuperação (a)	die Wiedererlangung, die Wiedergewinnug, die Verwertung	recovery	recuperación	récupération
recurso (o)	der Mittel, der Ausweg	use, appeal	recurso	recours
recusar-se	sich verweigern	to refuse	negarse	refuser de
reduzir	reduzieren	to reduce	reducir	réduire
reequilibrar	das Gleichgewicht, Wiederherstellen	to rectify	reequilibrar	rééquilibrer
reembolso (o)	dieRrückzahlung, die Einlösung	refund	reembolso	remboursemen
refinado	rafiniert	refined	refinado	raffiné
reflexivo	reflexiv	reflexive	reflexivo	réflexif
reflexologia (a)	die Reflexzonenmassage	reflexology	reflexología	réflexologie
reformado (o)	in Rente	retired person	jubilado	retraité
regatear	feilschen	to bargain	regatear	marchander
reintegrar-se	sich wieder integrieren	to rejoin	reintegrarse	se réintégrer
rejeitar	ablehnen	to reject	rechazar	refuser
relâmpago (o)	der Blitz	lightning	relámpago	éclair
relaxamento (o)	die Entspannung	relaxation	relajación	relâchement
relaxar	sich entspannen	to relax	relajar	relâcher
relevante	relevant	relevant	relevante	relevant
relva (a)	der Rasen	lawn	césped	gazon
renda (a)	die Miete	rent	renta	loyer
rendimento (o)	das Einkommen	income	rendimiento	revenu
reparar	reparieren	to repair	reparar, fijarse	réparer
reportagem (a)	der Bericht	reporting	reportaje	reportage
reservar	reservieren	to reserve	reservar	réserver
residência universitária (a)	das Studentenwohnheim	hall of residence	residencia universitaria	résidence universitaire
residente	Einwohner	living	residente	résidant
resistência (a)	der Widerstand	resistance	resistencia	résistance
resistir	widerstehen	to resist	resistir	résister
respirar	atmen	to breathe	respirar	respirer
restabelecer	wiederherstellen	to re-establish	restablecer	rétablir
restrição (a)	die Einschränkung	restriction	restricción	restriction
resumo (o)	die Zusammenfassung	summary	resumen	résumé
retrosaria (a)	die Kurzwarenhandlung	haberdashery	mercería	mercerie
rever	wiedersehen	review, revise	revisar	revoir
ritual (o)	das Ritual	ritual	ritual	rituel
rodoviário	Transportunternehme, Strassen(verkehr)	road (adj.)	de / por carretera	routier

PORTUGUÊS	DEUTSCH	ENGLISH	ESPAÑOL	FRANÇAIS
romper	durchbrechen	to break, to make a hole (clothes)	romper	trouer, rompre
rota (a)	die Route	route	ruta	chemin, route
rótulo (o)	das Etikett	label	rótulo	étiquette, label
ruído (o)	das Geräusch	noise	ruido	bruit
sabor (o)	der Geschmack	flavour	sabor	saveur
saboroso	schmackhaft	tasty	sabroso	savoureux
saco (o)	die Tüte	bag	bolsa	sac
sadio	gesund	healthy	saludable	salubre, sain
salvar	retten	to save	salvar	sauver
santo (o)	der Heilige	saint	santo	saint
santo padroeiro (o)	der Schutzheilige	patron saint	santo patrón	saint patron
sapateiro (o)	der Schuster	cobbler	zapatero	cordonnier
saudade (a)	die Sehnsucht	nostalgia, longing, yearning	añoranza	nostalgie éprouvée quand quelque chose ou quelqu'un nous manque
savana (a)	die Savanne	savannah	sabana	savane
sazonal	zeitbedingt	seasonal	estacional	saisonnier
se calhar	vielleicht	probably	quizás	peut-être que
secador (o)	der Trockner	dryer	secador	séchoir
secar	trocknen	to dry	secar	sécher
segundo	laut…	according to	segundo	selon
seda (a)	die Seide	silk	seda	soie
seduzir	verführen	to seduce	seducir	séduire
semear	säen	to sow	sembrar	semer
sensato	gescheit	sensible	sensato	sensé, sage
sentido (o)	die Richtung, der Sinn, die Bedeutung	sense, direction	sentido	sens
separação (a)	die Trennung	separation	separación	séparation
sessão (a)	die Sitzung, die Vorstellung	session	sesión	séance
significado (o)	die Bedeutung	meaning	significado	sens, signification
simpatia (a)	die Sympathie, das Mitgefühl	sympathy, kindness	simpatía	sympathie
simples	einfach	ordinary	sencillo	simple
sistema imunológico (o)	Abwehrsystem	immune system	sistema inmunológico	système immunologique
sobretudo	vor allem	especially	sobre todo	surtout
sociedade (a)	die Gesellschaft	society, company	sociedad	société
sócio (o)	der Partner	partner, member	socio	associé
sofrimento (o)	das Leiden	suffering	sufrimiento	souffrance
solidário	solidarisch	joint	solidario	solidaire
somente	nur	only	solamente	seulement
sorriso (o)	das Lächeln	smile	sonrisa	sourire

Glossário

PORTUGUÊS	DEUTSCH	ENGLISH	ESPAÑOL	FRANÇAIS
sossegado	ruhig	calm	tranquilo	tranquille
subsistir	überleben	subsist	subsistir	subsister
subtil	spitzfindig	subtle	sutil	subtil
sucessor (o)	der Nachfolger	successor	sucesor	successeur
suco (o) (Bras.)	der Saft	juice	zumo	jus
sugestivo	anregend, eindrucksvoll	reminiscent	sugerente	insinuant
superstição	der Aberglaube	superstition	superstición	superstition
suportável	erträglich	tolerable	soportable	supportable
surgir	erscheinen	to arise	surgir	survenir
surpreender	überraschen	to surprise	sorprender	surprendre
suspeição (a)	die Vermutung	suspicion	sospecha	soupçon
suspeito (o)	der Verdächtigte	suspect	sospechoso	suspect
taco (o)	der Billardstock, der Schläger	bat, mallet, club	palo de golf / hokey	crosse (hockey), club (golf)
talentoso	begabt	talented	talentoso	talentueux
tamanho (o)	die Grösse	size	tamaño	taille
taxa moderadora (a)	die Gebühr	consultation fee	tasa	frais, charge minimum
telenovela (a)	die Fernsehserie	soap opera	telenovela	feuilleton
tendência (a)	die Tendenz	tendency	tendencia	tendance
tentação (a)	die Versuchung	temptation	tentación	tentation
terapêutica (a)	die Therapie	therapeutics	terapéutica	thérapeutique
terço (um)	(ein) Viertel	(a) third	(un) tercio	(un) tiers
terreno descampado (o)	das Brachland	barren plot of land, waste ground	terreno descampado	terrain vague
terrorismo (o)	der Terrorismus	terrorism	terrorismo	terrorisme
testemunho (o)	das Zeugnis	witness	testimonio	témoin
tinta (a)	die Farbe	ink, paint	tinta	encre
tolerante	tolerant	tolerant	tolerante	tolérant
tom (o)	der Ton	tone	tono	ton
torradeira (a)	der Toaster	toaster	tostador	grille-pain
torrar	toasten	to toast	tostar	griller
toureiro (o)	der Stierkämpfer	bullfighter	torero	torero
tráfico de droga (o)	der Drogenhandel	drug trafficking	tráfico de droga	trafic de drogue
trajeto (o)	die Strecke	path, route	trayecto	trajet
transferência bancária (a)	die Überweisung	bank transfer	transferencia bancaria	virement bancaire
transmitir	übermitteln	to send	transmitir	transmettre
tranquilizante (o)	der Berühigungsmittel	tranquilliser	tranquilizante	tranquillisant
trapo (o)	der Lappen, die Klamotten	rag	trapo	chiffon, vêtement
trem (o) (Bras.)	der Zug	train	tren	train
triturar	zermahlen	to blend	triturar	triturer
trocar por	umtauschen	to exchange for	cambiar por	échanger contre
trovão (o)	der Donner	thunder	trueno	tonnerre
trovoada (a)	das Gewitter	(thunder) storm	tronada	orage

PORTUGUÊS	DEUTSCH	ENGLISH	ESPAÑOL	FRANÇAIS
turma (a)	die Klasse	class, squad	clase	classe
utente (o)	der Benutzer	user	usuario	usager
útil	nützlich, brauchbar	useful	útil	utile
ultrapassar	überholen	to exceed, to overtake	superar, adelantar	doubler, surpasser
vaga de calor (a)	die Hitzewelle	heatwave	ola de calor	vague de chaleur
vaidoso	eitel	vain	vanidoso	vaniteux, crâneur
valor (o)	der Wert	value, amount	valor	valeur
varinha mágica (a)	der Zauberstab	hand mixer	batidora	mixeur
vaso (o)	die Vase	vase	maceta	vase
vegetação (a)	die Vegetation	vegetation	vegetación	végétation
vegetariano	vegetarier	vegetarian	vegetariano	végétarien
veículo (o)	das Fahrzeug	vehicle	vehículo	véhicule
vencedor (o)	der Sieger	winner	vencedor	vainqueur
vencer	siegen	to win, to defeat	vencer	vaincre
ventoinha (a)	das Windrad	fan	ventilador	ventilateur
véspera (a)	der Vorabend	eve	víspera	veille
vestuário (o)	die Kleidung	clothing	vestuario	vêtement, habit
viajante (o)	der Reisende	traveller	viajero	voyageur
visibilidade (a)	die Durchsicht	visibility	visibilidad	visibilité
vítima (a)	das Opfer	victim	víctima	victime
vivo	lebendig	alive	vivo	vivant
voo (o)	der Flug	flight	vuelo	vol
voz (a)	die Stimme	voice	voz	voix
xeque (o)	der Scheich	checkmate, sheikh	jeque, jaque (ajedrez)	cheik

Expressões

PORTUGUÊS	DEUTSCH	ENGLISH	ESPAÑOL	FRANÇAIS
à moda antiga	so wie früher	old-fashioned, traditional	a la moda antigua	à l'ancienne
a valer	im Ernst	well and truly	de verdad	pour de bon
As suas melhoras!	Gute Besserung!	Get well soon!	¡Qué se mejore!	Bon rétablissement!
alguma/ uma forma de	einige/ eine Art von	a sort of	alguna/ una forma de	une façon de, manière de
ao contrário de	im Gegenteil	contrary to	al contrario de	contrairement à
ao fundo	ganz tief	at bottom	al fondo	au fond, au vif
ao vivo	"live"	live	en vivo	en public
apanhar em flagrante	auf frische Tat ertappt	to catch red-handed	coger in fraganti	prendre quelqu'un en flagrant délit
apontar como	als…angeben	to choose as	señalar como	désigner, considérer comme
bem como	sowie	as well as	así como	aussi bien que
bem-estar	wohlergehen, wohlsein	well-being	bienestar	bien-être
Bom apetite!	Guten Appetit!	Enjoy your meal!	Buen apetito!	Bon appétit!
cair em tentação	in Versuchung geraten	to fall into temptation	caer en la tentación	succomber à
chegar a acordo	sich einigen	to come to an agreement	llegar a un acuerdo	arriver à un accord
chegar atrasado	zu spät kommen	to arrive late	llegar atrasado	arriver en retard
chuvas torrenciais	strömender Regen	torrential rain	lluvias torrenciales	pluies torrentielles
com antecedência	in Voraus	with prior notice	con antelación	préalablement
da ordem	traditionall	the traditional	de costumbre	être d'usage, de coutume
daqui a	in (Zeit)	hence, in (time)	de aquí a	dans (ex: dans un moment)
dar a desculpa	als Entschuldigung anführen	to excuse oneself	dar la disculpa	donner l'excuse de
dar aulas	unterrichten	to teach	dar clases	enseigner, donner des cours
dar os parabéns	(zum Geburtstag) gratulieren	to congratulate	felicitar	souhaiter un joyeux anniversaire, féliciter
de acordo com	nach	in accordance with, according to	de acuerdo con	d'après
de vez em quando	manchmal	from time to time	de vez en cuando	parfois
deitar para trás das costas	hinter sich lassen	to shrug off	hacer borrón y cuenta nueva	laisser tomber, oublier

PORTUGUÊS	DEUTSCH	ENGLISH	ESPAÑOL	FRANÇAIS
deixar para segundo plano	in den Hintergrund stellen	to put off	dejar en un segundo plano	donner moins d'importance
em homenagem a	zur Ehre von	in homage to, in memory of	en homenaje a	en hommage
em plena (cidade)	mitten (in der Stadt)	in the middle of town	en plena (ciudad)	en pleine ville
entrar em pânico	in Panik geraten	to start panicking	entrar en pánico	paniquer
estar à espera de	auf (etwas) warten	to be waiting for	estar esperando	attendre
estar ansioso para	nicht erwarten können	to look forward to, to long to/for	estar ansioso por	brûler d'envie de
estar com boa cara	gut aussehen	to be looking good	tener buena cara	avoir bonne mine
estar com sorte	glück haben	to be lucky	estar de suerte	avoir de la chance
estar em forma	"fitt" sein, durchtrainiert (körperlich)	to be on form, to be fit	estar en forma	être en forme
estar na moda	mit der Mode gehen	to be fashionable / in fashion	estar de moda	être à la mode
falta de tempo	Zeitmangel	lack of time	falta de tiempo	manque de temps
fazer caminhadas	wandern	to go walking	dar paseos	faire des randonnés
fazer a ronda	eine Runde drehen	to do the rounds	hacer la ronda	patrouiller, surveiller
fazer um telefonema	anrufen	to make a phone call	hacer una llamada	faire un appel
ficar bem	gut aussehen, gut stehen (Kleidung)	to suit	quedar bien	demeurer en bonne santé, aller bien (ex: habits), faire bien, paraître bien
ganhar dinheiro	Geld verdienen	to earn money	ganar dinero	gagner de l'argent
graças a	dank (irgendetwas)	thanks to	gracias a	grâce à
há muito tempo (que)	seit langem	it's a long time (since)	hace mucho tiempo (que)	il y a longtemps que
Já não era sem tempo!	Endlich!	It's about time too!	¡Ya era hora!	Ce n'est pas trop tôt!
laços familiares	familiäre Bindungen	family ties	lazos familiares	liens familiaux
lançar um livro	ein Buch verlegen/ herausgeben	to launch a book	lanzar un libro	lancer un livre
levar tudo a sério	alles Ernst nehmen	to take everything seriously	tomárselo todo en serio	prendre tout au sérieux
limpar a seco	(trocken) reinigen	to dry-clean	limpiar en seco	nettoyer à sec
lugar marcado	reservierter Platz	reserved seat, meeting place	lugar reservado	place réservée

Expressões

PORTUGUÊS	DEUTSCH	ENGLISH	ESPAÑOL	FRANÇAIS
marcar golos	Tore schiessen	to score goals	marcar goles	marquer des buts
não fazer ideia	keine Ahnung haben	to have no idea	no tener ni idea	n'en avoir aucune idée
não passar sem	nicht ohne	to be sure not to overlook	no pasar sin	ne passer sans
não ter mãos a medir	alle Hände voll zu tun haben	to be snowed under	no dar abasto	ne pas savoir où donner de la tête
nem sequer	nicht mal	not even	ni siquiera	même pas
no início	am Anfang	at the beginning	en el inicio	au commencement
no princípio	am Anfang	at the beginning	en el principio	au début
no seu lugar	an ihrer Stelle	in its place	en su lugar	à sa /votre place
para todos os gostos	für alle etwas	for all tastes	para todos los gustos	pour tous les goûts
partilhar a opinião de	die Meinung teilen	to share one's opinion	compartir la opinión de	partager l'avis de
pedir desculpa por	sich entschuldigen für	to apologise for	pedir perdón por	s'excuser
pela noite fora	die ganze Nacht	deep into the night	noche adentro	bien avant dans la nuit
pelos vistos	es sieht so aus, als	by the looks of (it/him/her, etc)	por lo visto	apparemment
Pernas para que vos quero!	So schnell wie möglich!	I'm out of here! / Run for it!	Piernas para que os quiero!	Sauve qui peut!
por engano	aus Versehen	by mistake	por equivocación	par erreur
por esse motivo	aus diesem Grund	for that reason	por ese motivo	pour cette raison
pôr à disposição	zur Verfügung stellen	to make available	poner a disposición	mettre à disposition
pôr à venda	zum Verkauf anbieten	to put on sale	poner en venta	mettre en vente
por volta de	ungefähr um	around	alrededor de	environ
previsão meteorológica	Wettervorhersage	weather forecast	previsión meteorológica	prévision météorologique
problemas ambientais	Umweltprobleme	environmental problems	problemas ambientales	problèmes d'environnement
Puxa vida! (Bras.)	Meine Güte!	For goodness sake!	¡Caramba!	Zut!
Que chatice!	Wie ärgerlich!	What a pain!	¡Qué fastidio!	Quel ennui!
Que exagero!	Wie übertrieben!	What an exaggeration!	¡Qué exageración!	Quelle exagération!
reservar mesa	Tisch reservieren	to book a table	reservar mesa	réserver une table
revista à portuguesa	portugiesisches Theater	satirical comedy revue	revista a la portuguesa	revue de music-hall à la portugaise

PORTUGUÊS	DEUTSCH	ENGLISH	ESPAÑOL	FRANÇAIS
sair mais barato	wird günstiger	to work out cheaper	salir más barato	revenir moins cher
sentir necessidade de	das Bedürfniss spüren	to feel the need to	sentir necesidad de	ressentir le besoin de
ser afetado por	Von etwas berührt werden	to be affected by	ser afectado por	être touché par
ser habitual	üblich sein	to be usual	ser habitual	être d'usage
ser promovido	befördert werden	to be promoted	ser ascendido	être promus à, passer à
ter em conta	mitrechnen	to take into account	tener en cuenta	tenir compte de
ter insónias	an Schlaflosigkeit leiden	to be unable to sleep	tener insomnio	avoir des insomnies
ter lugar em	stattfinden in	to take place in/on	tener lugar en	avoir lieu à
ter pressa de / em	es eilig haben	to be in a hurry to	tener prisa por	avoir hâte de
tomar medidas	Massnahmen treffen	to take steps	tomar medidas	prendre des précautions
valer a pena	sich lohnen	to be worth	valer la pena	valoir la peine

Agradecimentos

- Robert Devian, autor da fotografia de Mariza
- Centro Colombo, pela cedência de fotografias
- Ginásio Holmes Place, pela autorização da utilização do mapa de resultados das suas aulas
- Instituto de Meteorologia, pela autorização da utilização da sua previsão meteorológica, publicada diariamente no jornal Diário de Notícias
- Paulo Cardoso, pela autorização da utilização do horóscopo que diariamente se encontra inserido no jornal Diário de Notícias
- Revista Consigo, pela autorização da utilização da entrevista à fadista Mariza
- Jornal Correio da Manhã, pela autorização da utilização de várias pequenas notícias
- Jornal Diário de Notícias e Revista Notícias Magazine, pela autorização da utilização de artigos
- Todos os proprietários de lojas de comércio tradicional, que gentilmente autorizaram fotografar os seus espaços comerciais
- Arlindo Monteiro Costa, pela ajuda na transcrição e tradução de uma morna de Cabo Verde
- Susana de Oliveira, por ter acompanhado a elaboração deste manual
- Todas as marcas e instituições usadas ao longo do manual